知識ゼロからの時間活用術

弘兼憲史
Kenshi Hirokane

Time is money. Are you pressed for time?
幻冬舎

はじめに

「もっと時間が欲しい」「時間が足りない」というセリフは、日々せわしなく働いているビジネスマンの本音だろう。これは、僕がサラリーマンをしていた頃から変わらない。ビジネスは、つねに時間との戦いだ。

にもかかわらず、与えられた仕事を3日ですませてしまう人と、同じ仕事に1週間もかかってしまう人がいる。その違いがどこにあるのかと言えば、ずばり「時間の使い方」である。

本書では、時間の使い方を改善したいという人のために、僕が今まで仕事を通して学んできた64の時間活用術を紹介している。要は、それぞれの作業をいかに効率よく進めるかという、じつにシンプルなノウハウだ。

たとえば、メールの処理。返信は早ければいいというものではない。日に何十回もメールをチェックして、受け取るたびに返事を書いていたら、相当な時間が必要になる。何よりも、その度に作業中の仕事を中断しなければならず、非効率だ。

そこで、メールチェックする時間帯を、朝、昼食後、退社前の1日3回にしてみてはどうだろう。その際、返信はすぐに返事が必要なメールのみにするのだ。単なる伝達事項など、急ぎでないものは後でまとめて返信したほうが、結果的に短時間ですむからだ。

たったこれだけのことであるが、1日10分は短縮できる。わずか10分だが、1週間で70分、ひと月で5時間もの節約となる。お金と同様、時間の節約もコツコツと積み重ねていく意識が必要なのだ。

僕の周りを見てみても、充実した毎日を送っている人ほど、1分1秒の貴重さを知っている。

弘兼憲史

知識ゼロからの時間活用術【目次】

はじめに……1

序章

なぜあなたは仕事が遅いのか？

なぜあなたは仕事が遅いと言われるのか？
仕事が遅い人の４大原因……10

時間はタダだと思っていないか？
自分は時給いくらの人間なのか計算してみる……12

あなたのムダ時間は、1日どれくらいあるか？
1日の作業時間を計ると使途不明時間が見えてくる……14

10年後にあなたはどうなりたいか？
30年後の自分をイメージする……16

現代人の時間の使い方①
増やしたい時間と減らしたい時間……18

第1章

時間管理はスケジューリングが決め手!!

タイムマネジメントの掟①……20

やるべき作業がどれだけあるか把握しているか？
今日やる仕事をリストアップする……22

長期と短期スケジュール、どちらを先に立てるか？
年間スケジュールから逆算して計画を立てる……24
スケジュールの見積もりが甘くないか？
スケジュールの見積もりは目算の1・5倍に……26
いつも期限があいまいになっていないか？
締め切りの設定が先のばしを防ぐ……28
いつも仕事に追われていないか？
スケジュールの鉄則は〝先行逃げ切り型〟……30
年間スケジュールを立てるには？
中長期スケジュールはまず目標を明確にする……32
いつも目標倒れで終わっていないか？
小目標のクリアで達成感を得る……34
優先すべき仕事を間違えていないか？
作業を分類して優先順位を見極める……36
二度手間ばかりかけていないか？
同種の仕事はまとめて片づける……38
〝ノリ〟の悪い時間帯に仕事をしていないか？
もっとも脳がさえている時間帯・曜日を熟知する……40
作業時間がこま切れになっていないか？
自分の仕事に集中できる時間をまとめて確保する……42
土日を仕事でつぶしていないか？
プライベートの予定はどんどん入れる……44
現代人の時間の使い方②
待ち合わせの遅刻 何分まで許せる？……46

第2章

要領がいい人から学ぶ仕事の進め方

タイムマネジメントの掟②

いやな仕事を後回しにしていないか？……48
一番ハードな仕事から先に手をつける……50
決断を先のばしにしていないか？
“すぐやる”ができない人は3択で結論を出す……52
急に入った仕事にふりまわされていないか？
すぐにやるべき仕事か見極める……54
他人の時間を奪っていないか？
“すぐやる”を実行して相手の待ち時間を減らす……56
仕事を抱え込みすぎていないか？
ほかの人でもできる仕事は自分でやらずにふる……58
空き時間をムダにしていないか？
3分でできる作業をリストアップしておく……60
ひとりで悩む時間が長すぎないか？
考えても結論が出なければ人に教えてもらう……62
進捗状況の確認を忘れていないか？
進行チェックが問題を未然に防ぐ……64
退社前のひと手間を怠っていないか？
今日の成果をチェックし翌日の作業をリストアップ……66
人と同じことを同じ時間にしていないか？
時間差行動で待ち時間をなくす……68

現代人の時間の使い方③
「ちょっと1杯」は何時間？……70

第3章

シーン別 時間短縮のテクニック

タイムマネジメントの掟③……72
早朝出勤をあきらめていないか？
3時間の残業より1時間早く出社する……74
毎日の通勤時間をムダにしていないか？
30分早く起きてあえて各駅停車に乗る……76
相手の都合に合わせてアポをとっていないか？
こちらの希望日時を先に提案する……78
アポイントをバラバラにとっていないか？
外出予定は固めて移動時間を短縮する……80
はじめての交渉で、いつもつまずいていないか？
相手の警戒心を解けば話は早い……82
雑談は時間のムダだと思っていないか？
会話が弾めば交渉はスムーズに運ぶ……84
商談がいつもムダに長くないか？
さりげないしぐさで切り上げどきをアピール……86
あなたの話はムダに長くないか？
どんな話も3分以内でまとめる……88
2時間の会議のコストを知っているか？
ダラダラ会議は給料泥棒を生む……90

第4章

ビジネスツールの活用が時間を生む

なぜ会議はいつもムダに長いのか?
あらかじめ終了時間を決めておく……92

事前の準備が不十分でないか?
議題は会議前にメールしておく……94

根回しを姑息な手段だと思っていないか?
事前の根回しが説得の手間を省く……96

机の前で延々と考え込んでいないか?
"あえて散歩"が創造的なアイデアを生む……98

会社での昼寝をためらっていないか?
眠気と1時間戦うなら思い切って昼寝する……100

現代人の時間の使い方④
適正な睡眠時間はどれくらい?……102

タイムマネジメントの掟④……104

いつも連絡をメールですませていないか?
ビジネスツールは目的に応じて使い分ける……106

メール処理に時間を奪われていないか?
メールチェックする時間帯を決めておく……108

外出先でのメールチェックをあきらめていないか?
パソコンのない環境でも転送で素早くメール処理……110

電話がダラダラと長くないか?
先に用件を書き出しておき3分以内にすます……112

書類作成に時間をかけすぎていないか？
毎回つくるのではなく前回のテキストを流用する……114
未処理の書類が机にたまっていないか？
書類を読むのは一度ですます……116
デザインで手帳を選んでいないか？
自分にぴったりの手帳は使い勝手で決める……118
自分の手帳を使いこなせているか？
手帳の使い方しだいで時間管理はうまくいく……120
メモをとることをめんどうくさがっていないか？
メモはいつでもどこでもその場ですぐにとる……122
ふせんを目印だけに使っていないか？
ふせんを活用すると大幅な時間短縮ができる……124
パソコン操作に時間をかけすぎていないか？
ショートカットキーを使って作業スピードを短縮……126
ネット検索に時間をかけすぎていないか？
AND、NOT検索を駆使して検索時間を短縮……128
IT機器に臆病になっていないか？
倍速ツールを活用して時間を短縮する……130
手紙を書くことをわずらわしがっていないか？
手書きの礼状、詫び状が人脈を広げる……132
毎日探しものをしていないか？
整理整頓こそがムダ時間を省く……134
現代人の時間の使い方⑤
夫婦の会話時間　どれくらい？……136

第5章

10年後の自分のために、時間を投資する

タイムマネジメントの掟⑤……138

終業後のつき合いをムダと思っていないか？
アフター5の充実が日々を充実させる……140

休日をダラダラすごしていないか？
休日はフル活用してモチベーションを上げる……142

勉強する時間がないとあきらめていないか？
いつでも、どこでもすきま時間で勉強ができる……144

本は頭から丁寧に読むものだと思っていないか？
本を最後まで読むのは時間のムダ……146

新聞を読む時間がないと嘆いていないか？
見出しチェックで重要情報を10分でインプット……148

寝る前の時間をムダにしていないか？
寝る直前の1時間は記憶に最適の時間帯……150

寝不足を言い訳にしていないか？
眠りの質がよければ量は必要ない……152

寝覚めが悪いのは体質のせいだと思っていないか？
寝室環境を整えると目覚めはすっきり……154

「時間がない！」といつもあくせくしていないか？
いかに時間を浪費するかがあなたの人生を豊かにする……156

序章

なぜあなたは仕事が遅いのか？

仕事が遅い人の4大原因

なぜあなたは仕事が遅いと言われるのか？

先のばしタイプ

目先の手軽な仕事はこなすが、面倒な仕事を後回しにするタイプ。自分に甘く、つい楽なほうに流れてしまう。

▼

面倒な仕事は、日割りなどで小刻みな目標を設定して達成感を得られるようにするといい。

迷いすぎタイプ

不安や疑問が先行して、判断や決断が後手になるタイプ。経験不足などから自信がない人に多く、周囲の意見や評価に振りまわされやすい。

▼

完璧な計画を立てるのではなく、軌道修正しながら少しずつでも前に進むようにする。

抱え込みタイプ

なにごとも自分でやらないと気がすまない完璧主義タイプ。モレやミスがないかいつまでも気にして、終わっているにもかかわらず、なかなか提出ができない。

▼

自分でやる必要のない仕事は、どんどん人にふるというやり方を覚えたい。

無計画タイプ

計画をきちんと立てずに見切り発車をするため、ミスやモレが多く、結局やり直しの手間がかかるタイプ。

▼

仕事の優先順位や作業時間の見積もりなど、計画を細部まで緻密に練ってから実行するように習慣づける。

興味深いことに、仕事が遅いのは、いつも同じ人である。逆もまた然《しか》りで、仕事の速い人は何を任せてもたいてい速い。この違いはいったい何なのか？

要領のよさやダンドリのうまい下手、実行力など、いろいろな見方ができるが、ひと言で言えば、〝時間の使い方〟の差である。時間の使い方の下手な人にはいくつかの特徴がある。いやな仕事や面倒な作業を後回しにする先のばし、決断に長時間かかる迷いすぎ、すべて自分でやらなければ気がすまない抱え込み、何とかなるだろうと見切り発車する無計画である。

いずれかにあてはまる人は、一度、自分の時間の使い方を考えてみるといい。

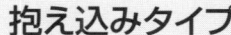

2

時間の価値

時間はタダだと思っていないか？

自分は時給いくらの人間なのか計算してみる

せっかくの休日を、部屋でゴロゴロとテレビを見るだけで終わらせてしまい、後悔した経験は誰にでもあるのではないか。

ふだん私たちはお金にはずいぶんうるさいが、時間にはルーズになっている。それは、洋服や車の価値は値段を見ればわかるが、時間の価値はなかなか実感できないからだろう。

そこで、自分の時間の価値を実感するために、時給を計算してみるといい。自分の年収を年間の労働時間（平均は約２０００時間）で割ってみるのだ。年収３００万円だとしても、１時間あたり１５００円、年収が６００万であれば1時間に３０００円を生んでいる計算になる。

これは単純計算にすぎないが、1時間にけっこうな金額を稼いでいることがわかるのではないか。しかも、これはあなたが1時間をムダにした場合には、損失になるわけだ。

この1時間がいかに貴重なものかを自覚することが、タイムマネジメントの基本となる。

あなたの時給はいくらか?

●年収400万円の人が年間2000時間働いた場合

あなたの時間価値は…

年収	1時間あたり	1分あたり
200万円	1000円	16.7円
300万円	1500円	25円
400万円	2000円	33.3円
500万円	2500円	41.7円
600万円	3000円	50円
700万円	3500円	58.3円
800万円	4000円	66.7円

※年間労働時間を2000時間として計算

3

使途不明時間

あなたのムダ時間は、1日どれくらいあるか?

1日の作業時間を計ると使途不明時間が見えてくる

あなたの1日の勤務時間中にどれだけムダ時間があるだろうか。忙しくてさぼっている暇などないという人でも、自分で思っている以上に使途不明な時間はある。

一度、1日の仕事時間を計ってみるといい。作業ごとにどれだけの時間を費やしたかを記録するのだ。本来いちばん時間をかけるべきメインの作業よりも雑用に時間をかけていたり、作業間に思いのほかロスがあったり、どの作業に時間がかかったのかがわかる。

さらに、1日の使途不明時間を合計してみると、けっこうな時間になることに気づく。使途不明時間が1時間だったら、その半分の30分を有効活用するだけで、かなりの作業がこなせるはずだ。

ある営業マンの1日をはかってみると…

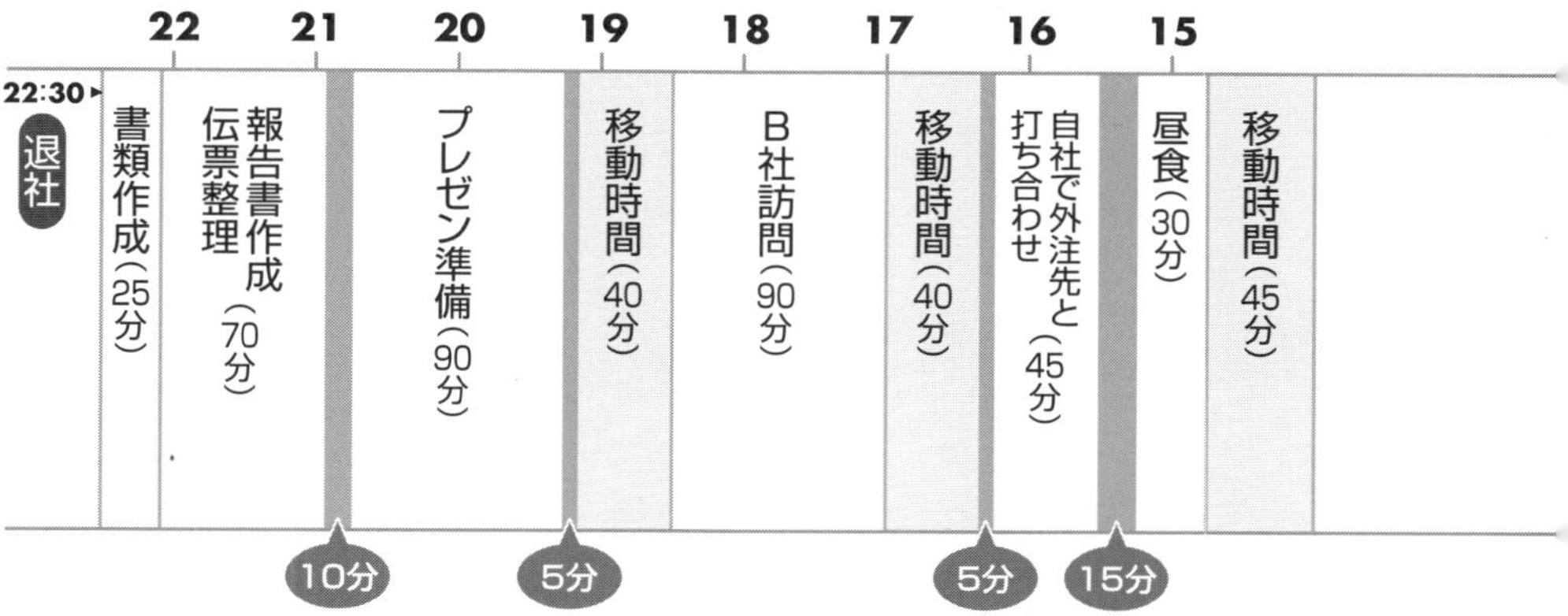

この日の作業時間の内訳

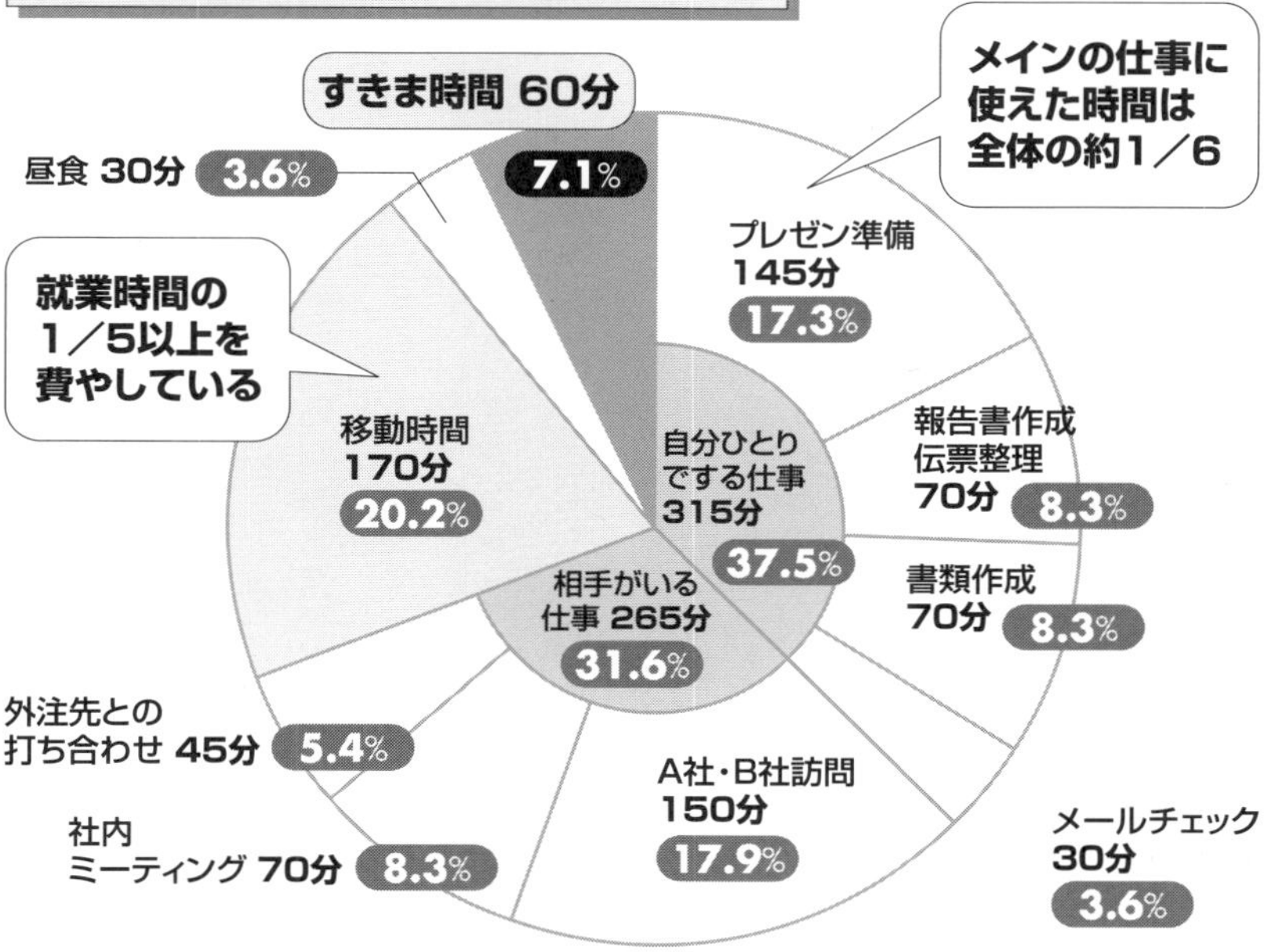

**記録をつけることで、
その日の時間配分が把握できる**

4

未来の自分

10年後にあなたはどうなりたいか？
30年後の自分をイメージする

日々時間に追われて、目の前の仕事をこなすだけで精一杯。でも、たまには少し遠くを見てみるといい。たとえば30年後の自分を思い描いてみるのだ。結婚や住宅の購入といったプライベートな目標や、独立起業という夢を。

30年後だなんて遥か先に思えるが、車で遠くに出かけるとき、目的地に向かってどのコースを通るか、途中でどこに寄ろうかと考えるのと同じである。

30年後にありたい自分になるためには、20年後にはどうなっていなければならないのか。では10年後は、5年後は？　そのために、いまやるべきことは何だろう？　遠くの目標を設定することで、いま自分がすべきことが明確になる。

目標は鮮明にイメージする

アメリカのある調査結果によると、名門大学の卒業生に「あなたには目標がありますか」と尋ねたところ、目標をきちんともっていて、そのための計画を立てている人はわずか3%だった。しかし、20年後その3%の人の多くは成功を手に入れていたそうだ。目標はできるだけ鮮明にイメージしたほうが、よい結果につながるということだ。

30年後（55歳）
会社の年商を
300億円にする

20年後（45歳）
会社を上場させる

10年後（35歳）
会社を退社
独立起業する

自分の目標を書き出してみよう

30年後にあなたはどうなりたいか?

●

20年後にあなたはどうなりたいか?

●

10年後にあなたはどうなりたいか?

●

5年後にあなたはどうなりたいか?

●

そのために、いますべきこと

●

現代人の時間の使い方 ①

増やしたい時間と減らしたい時間

増やしたい時間

1位	趣味	30.3%
2位	睡眠・休息	29.0%
3位	自由な時間	9.4%
4位	自己啓発	5.9%
5位	スポーツ	5.5%

減らしたい時間

1位	仕事	38.1%
2位	とくになし	15.6%
3位	通勤・移動	13.4%
4位	家事・育児	13.0%
5位	睡眠・休息	5.5%

出典:『時間のイメージ2005』(セイコー)

疲れていても自由時間は欲しい!

日々、時間に追われるビジネスマンは、やはりなかなか自分の時間をとれないようだ。ビジネスマンに日常生活の中で増やしたい時間を尋ねたところ、もっとも欲しいのは趣味に費やす時間だった。2位に、ほぼ同じ回答率で「睡眠・休息」という答えがあがっており、日本のビジネスマンが疲れていることがうかがえる。

反面、減らしたい時間は「とくになし」と答えている人も15.6%いるので、満足いくタイムマネジメントができている人も少なくないようだ。

第1章 時間管理はスケジューリングが決め手!!

小さな目標を設定して、達成感を得る …… P.34
優先させる仕事を見極めている …… P.36
同種の仕事をまとめて片づける …… P.38
“ノリ”のいい時間帯を熟知している …… P.40
自分の時間をまとめて確保する …… P.42
プライベートの予定をどんどん入れる …… P.44

島君、手があいたときでいいからコレやっといてくれるか

タイムマネジメントの掟 1

タイムマネジメントの極意は、まず時間管理である。ビジネスでは、限られた時間の中でいかに効率よく仕事を処理していくかが、つねに問われる。そこで第1章では、ムダのないスケジュール設計のノウハウを紹介する。

▶時間の使い方のうまい人は、

事前にやるべき仕事をリストアップする……P.22

年間スケジュールから逆算して計画を立てる……P.24

作業時間の見積もりが的確……P.26

どんな小さな仕事にも期限を設定する……P.28

前半に7割片づける予定を組む……P.30

予定を組む前に、具体的な目標をつくる……P.32

5

やることリスト

今日やる仕事をリストアップする

やるべき作業がどれだけあるか把握しているか?

その日のうちにやるべき作業がたくさんあると、とかく混乱して収拾がつかなくなりがち。取りこぼしを防ぐためには、やらなくてはならない作業を紙に書き出して、「やることリスト」をつくるといい。

このリストは、あくまで自分用なので、作成するために時間をかけては本末転倒である。丁寧に書く必要はないし、思いつくままどんどん書き込めばいい。用紙も、メモ用紙など自分の使いやすいもので十分である。

内容は簡潔にする。たとえば、「見積書を提出すること」ではなく「見積書提出」だけでいい。ただし、省略しすぎてもいけない。「B社ほかに連絡」では、B社のほかにどこに連絡するのか忘れてしまう。「B社に電話」「経理に問い合わせ」「部長にスケジュール確認」など、細かく書く場合もある。

そして、完了させた作業はマーカーなどで消してゆく。成し終えた分がはっきりするので達成感が味わえ、次の作業へのはずみになるだろう。

やるべき作業を箇条書きにしていく

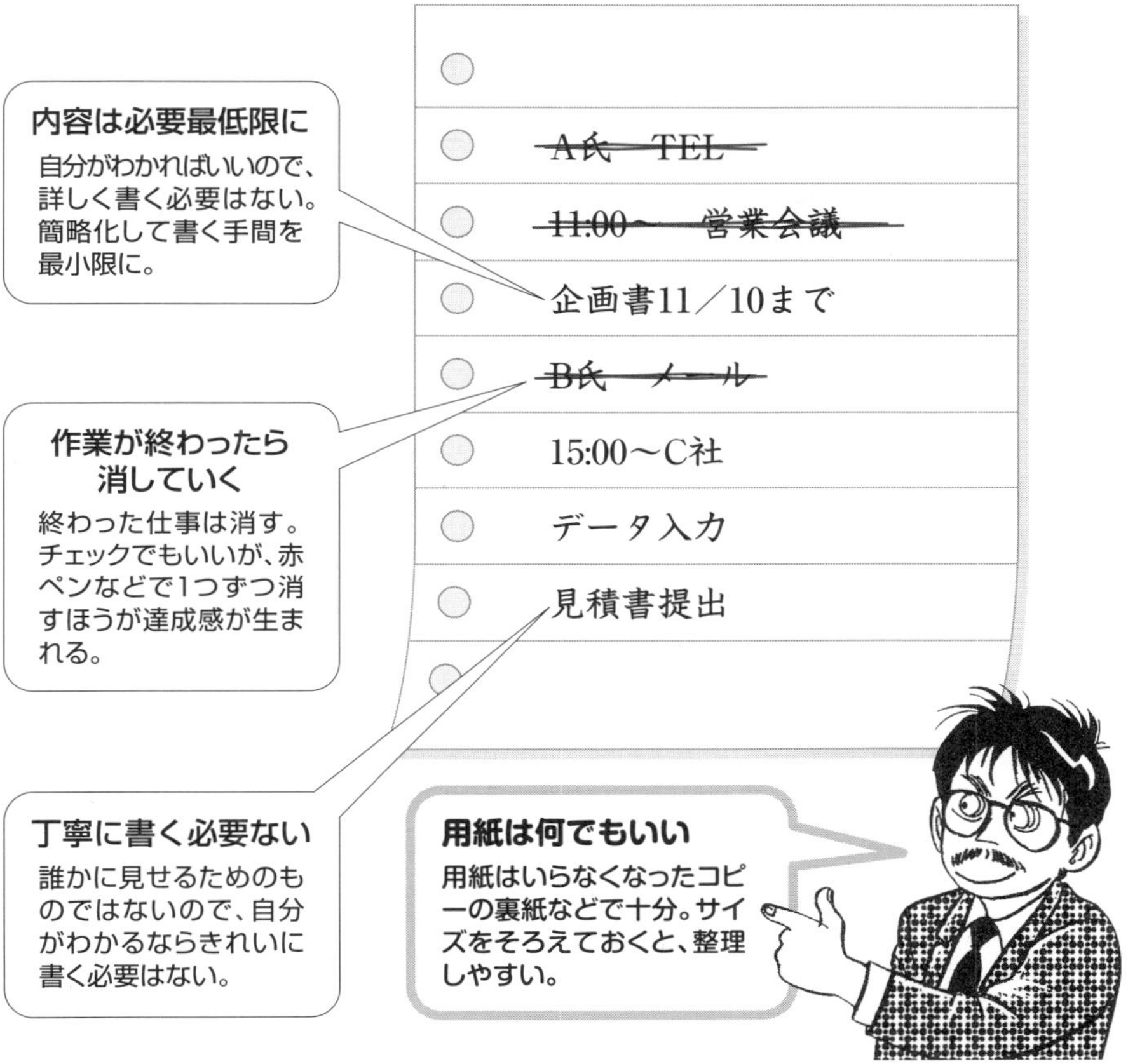
内容は必要最低限に
自分がわかればいいので、詳しく書く必要はない。簡略化して書く手間を最小限に。
A氏　TEL
11:00〜　営業会議
企画書11／10まで
B氏　メール
15:00〜C社
データ入力
見積書提出
作業が終わったら消していく
終わった仕事は消す。チェックでもいいが、赤ペンなどで1つずつ消すほうが達成感が生まれる。
丁寧に書く必要ない
誰かに見せるためのものではないので、自分がわかるならきれいに書く必要はない。
用紙は何でもいい
用紙はいらなくなったコピーの裏紙などで十分。サイズをそろえておくと、整理しやすい。

POINT

◆ムダのない「やることリスト」作成術

- 業務ごとに分類して書き出すと、わかりやすい
- やるべき仕事は、思いついたときに書き出す
- 翌日分のリストは、その日の終業前に作成する

年間スケジュールから逆算して計画を立てる

長期と短期スケジュール、どちらを先に立てるか？

年間スケジュールから組む

20XX年　年間スケジュール　　目標　新規店3軒を立ち上げる!!

	1月	2月	3月	4月	5月	6月	7月	8月	9月	10月	11月	12月
1					B店着工		発					
2							注					
3							作	打ち合わせ				
4						B店竣工	業					
5	仕事はじめ			什器搬入						C店竣工		搬入
6	A店着工											
7						棚		搬入				棚
8			発	打ち合わせ		レ						詰
9			注			イ		棚				め
10		A店竣工	作			ア		詰				
11			業			ウ		め				予備日
12						ト						
13		棚						予備日				C店オープン
14		レ		棚		打ち合わせ						
15		イ		詰				B店オープン		商		
16		ア		め						品		
17		ウ								選		
18		ト		予備日						考		
19												
20		打ち合わせ		A店オープン								
21												
22								C店着工				
23						大阪出張						
24				海								
25				外		商						
26				研		品			棚			
27				修		選			レ			
28		商				考			イ	発		仕事納め
29		品							ア	注	什器搬入	
30		選							ウ	作		
31		考					什器搬入		ト	業		

年間スケジュール

自分がわかればいいので、詳しく書く必要はない。簡略化して書く手間を最小限に。

スケジュールを組むとき、長期スケジュールと短期スケジュールは、どちらを先に立てたほうがいいのだろうか。

たとえば月間スケジュールと週間スケジュールなら、月間スケジュールから先に組んだほうがいい。目先の予定から立てていくと、日々の予定を順調にこなしていっても、そのペースで期限に間に合うのかどうかがわからない。

スケジュール全体を俯《ふ》瞰《かん》するためには、長期のスケジュールから細かく日程を区切っていき、週単位や1日単位に落とし込んでいくようにする。そうすることで、いまやっている作業が全体のどのあたりなのかを把握しながら進められる。

月間スケジュール

年間計画に照らして、その月に自分がやるべき仕事や目標を、1か月単位のスケジュールに反映させる。

週間スケジュール

月ごとの目標を達成させるために、その週の仕事を割り振り、1週間のスケジュールを立てる。メインの仕事や定期的に発生している仕事から入れていく。

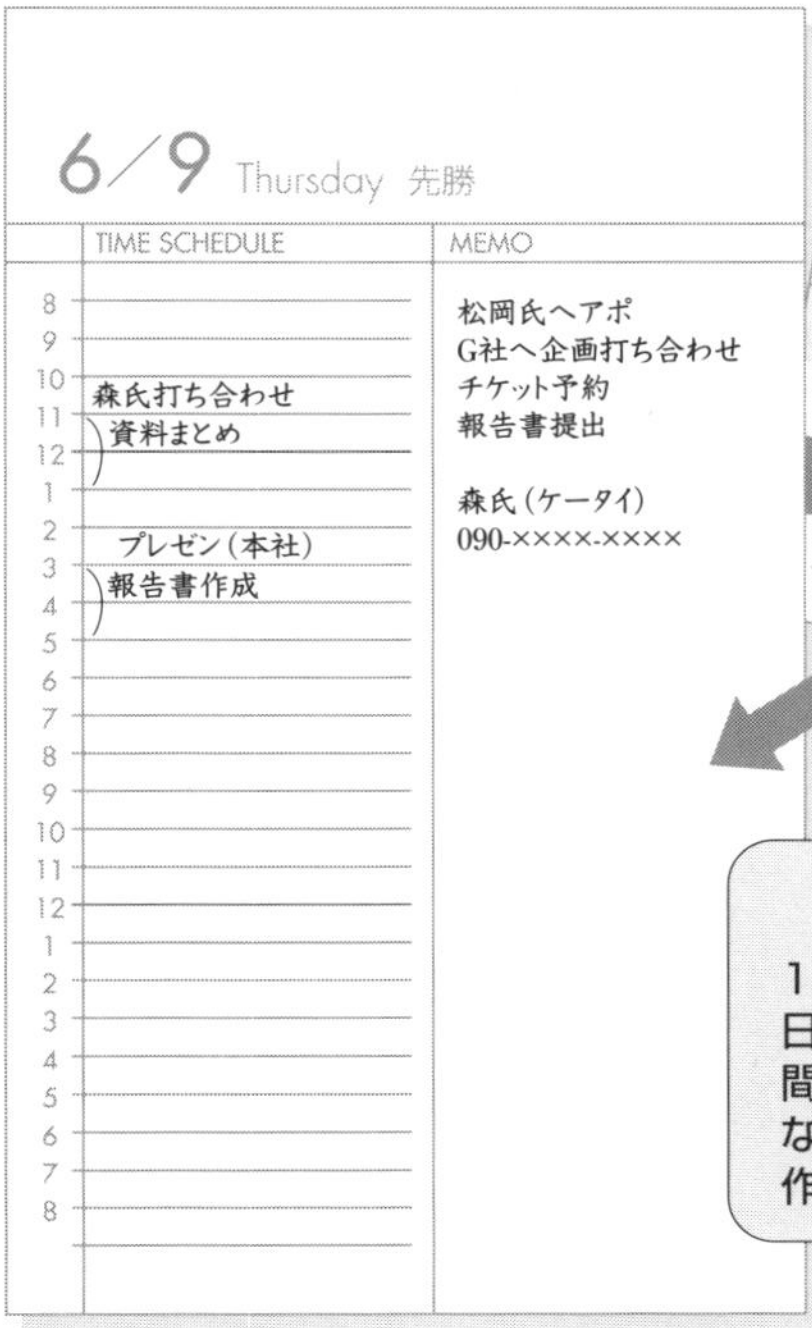

1日のスケジュール

1週間のスケジュールをもとに、その日にやらなければならない仕事を時間単位で割り振る。まず、アポや会議など他人との予定を先に入れ、自分の作業時間がどれくらいあるか把握する。

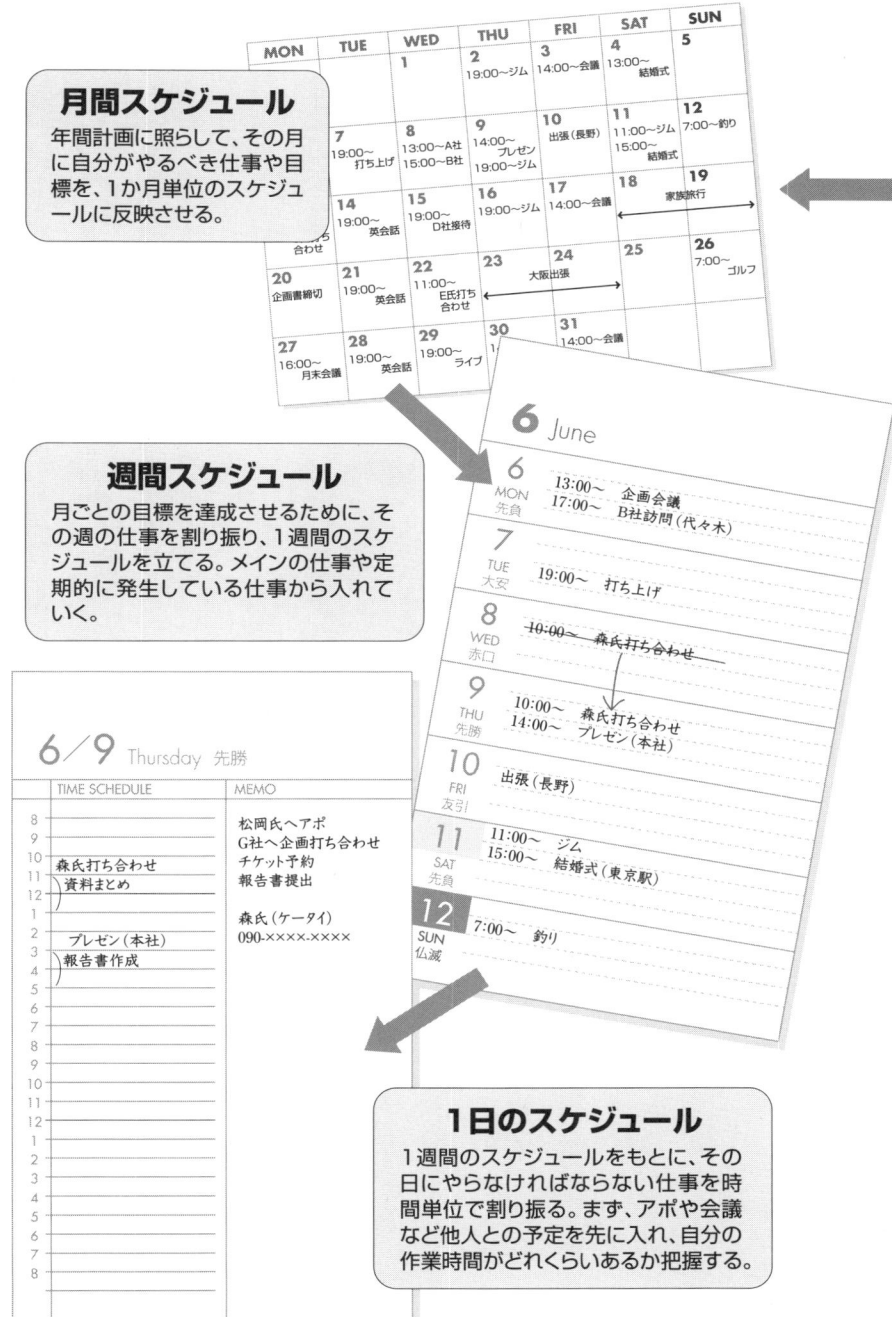

7

作業時間の見積もり

スケジュールの見積もりは目算の1・5倍に

スケジュールの見積もりが甘くないか？

仕事が速い人は見積もりが的確

Good Case!

Bad Case!

月末は急な仕事が
多いから、いつもの倍の
4時間をみておこう
この仕事なら
2時間もあれば
終わるな

見積もりが正確なので、予定通りに仕事が片づき、スケジュールに変更なし

見積もりが甘いために、結局6時間かかってしまい、スケジュールがずれこむ

「この作業なら2時間でできるな」と思ったのに、予想以上に手間どって後々のスケジュールまで遅れることがある。時間の見積もりは多すぎても少なすぎてもいけない。目安としては、目算の1・5倍くらいにしておくといい。自分の力を過信してはいけない。ふだんから自分の作業スピードを知っておけば、より正確に見積もれるので、ムダのないスケジュールが組める。

ただし、予備の時間があるからと気をゆるめ、ペースを落としてはいけない。予定時間は必ず守るようにし、もし時間が余ったら別の作業にあてる。さらに、1週間のうちどこかにフリーの時間を確保しておくと、不測の事態による遅れを消化することができる。

❶ 作業時間の見積もりは1.5倍に

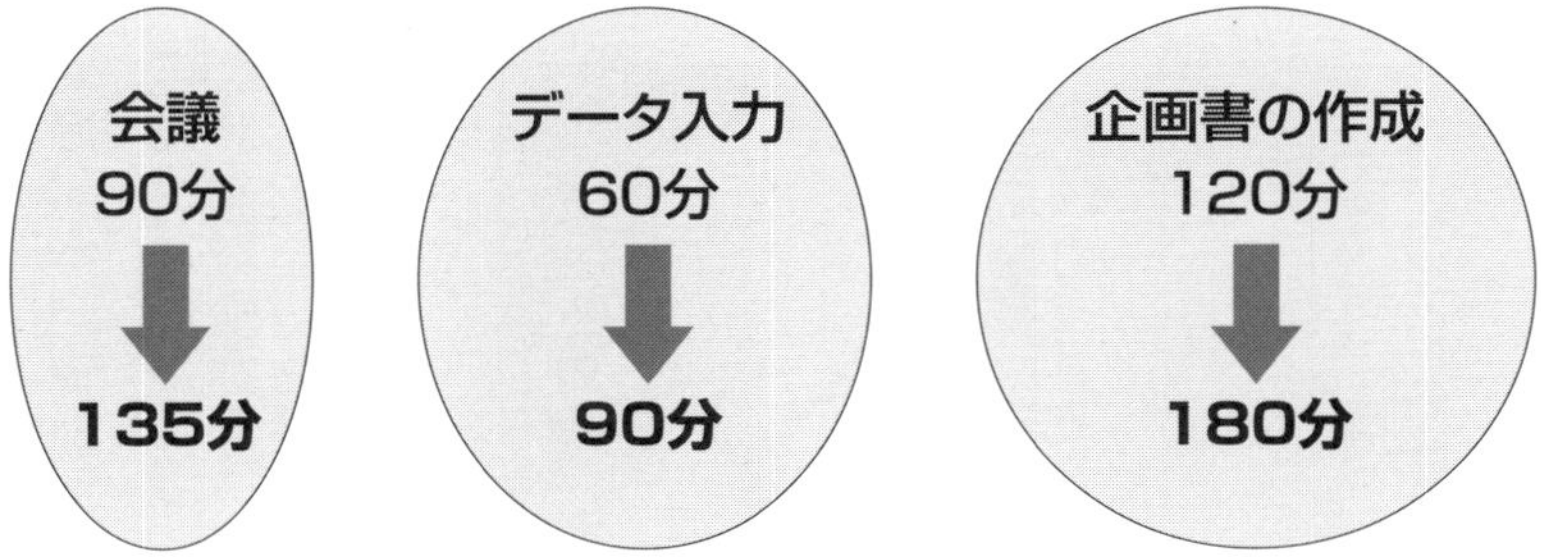

過去にやった同種の仕事や、経験者の話から所要時間を割り出す。実際にかかると思われる時間の1.3～1.5倍くらいを目安にするといい。

❷ 週に一度空き時間を確保する

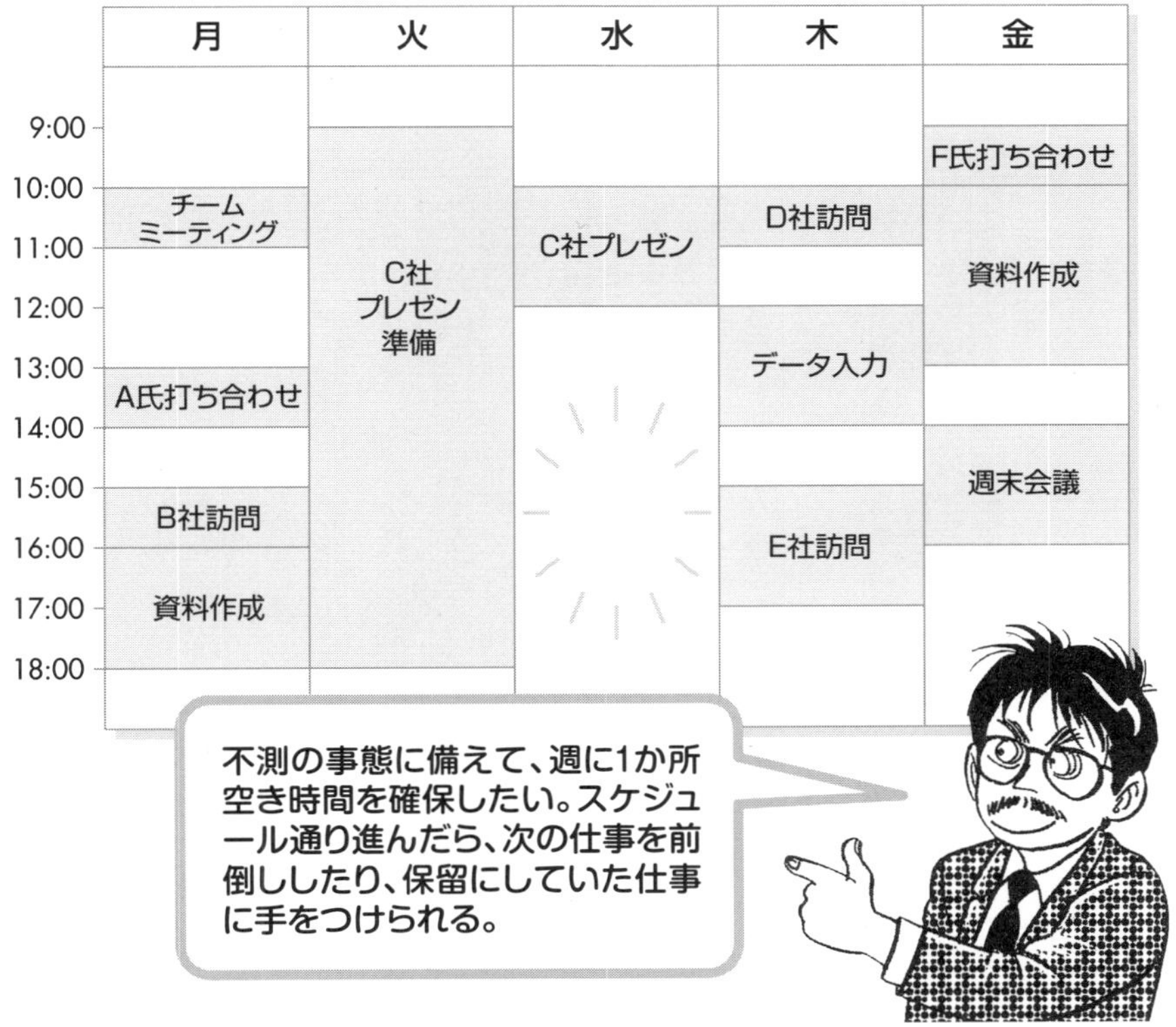

8

締め切りの効用

締め切りの設定が先のばしを防ぐ

いつも期限があいまいになっていないか？

人から仕事を頼まれた場合

島君、
手があいたときでいいから
コレやっといてくれるか

わかりました
では明日の
15時までに
終わらせます

期限のない仕事を頼まれたときは、必ず期限を確認すること。「いつでもいい」という場合は、自分から「では、○○までに終わらせます」と期限を設定する。

いやな仕事や長期のプロジェクトなどは、ついつい作業を先のばしにしてしまうもの。そんなときは作業の締め切りを自ら設定するといい。上司から「暇なときでいいから」などとあいまいな頼み方をされたときは、必ずこちらから期限をきくようにする。

締め切りの設定は、よい意味でプレッシャーになり、集中力が高まる。「期日に間に合わせるにはどうすればいいか」と考えるようになるからだ。

同様に、こちらから誰かに仕事を頼む場合も、期限を明確に伝えると能率をアップさせることができる。自分の通常業務についても、「昼までに仕上げる」と決めて取り組むことで時間を短縮できる。

人に仕事を頼む場合

Good Case!

明確な期限を設けることで、緊張感が生まれる。

↓

所用時間を短くおさえられる

Bad Case!

期限をあいまいにすると、ズルズル先のばしにする原因となる。

↓

ムダに長い時間をかけてしまう

Bad Case!		Good Case!
今日中に	→	17時までに
今週中に	→	金曜日の午前中までに
今月中に	→	30日の17時までに

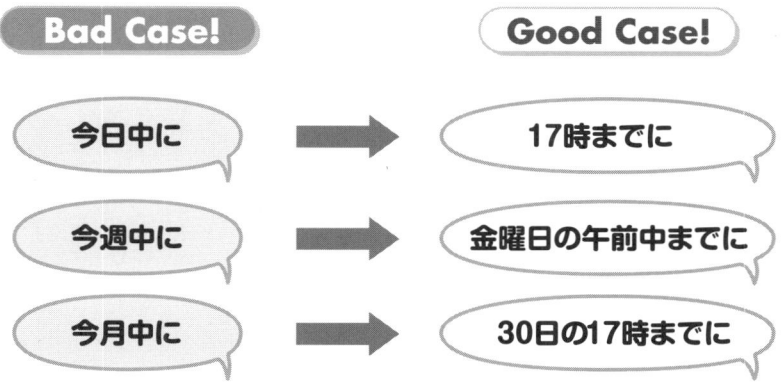

9
スケジュールの鉄則

いつも仕事に追われていないか？

スケジュールの鉄則は〝先行逃げ切り型〟

"追い込み型"は心理的余裕がない

追い込み型の人

- 後半に時間がないため心理的余裕がない
- 焦りから仕事が雑になる
- ミスの原因となる

先行逃げ切り型の人

- 後半気持ちに余裕ができる
- 突発事項に柔軟に対応できる
- フリーの時間が生まれる

スケジュールは、後半ラストスパートをかける〝追い込み型〟よりも、できるだけ前倒しで片づけておくようにする。

「今週中に仕上げればいい」という余裕の日程でも、アクシデントが起きたり、週の後半に急な仕事を上司から頼まれたりするものである。追い込まれた結果、あせってミスしたり、結局納期に間に合わなくなったりする。

1日単位の仕事なら、午前中からダッシュをかけておくと、午後には自分のペースで動ける。月単位の仕事も同様で、前倒しで仕事を片づけておくと、月末にあわてずにすむ。〝先行逃げ切り型〟なら、突然の仕事にも余裕をもって対処できる。

前半に7割片づける予定を組む

たとえば、1週間で
20個の作業をしなければ
ならない場合

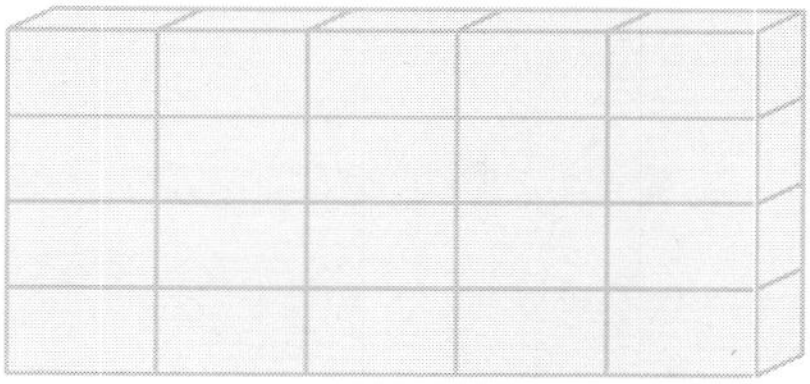

●5日間で均等に割り振った場合

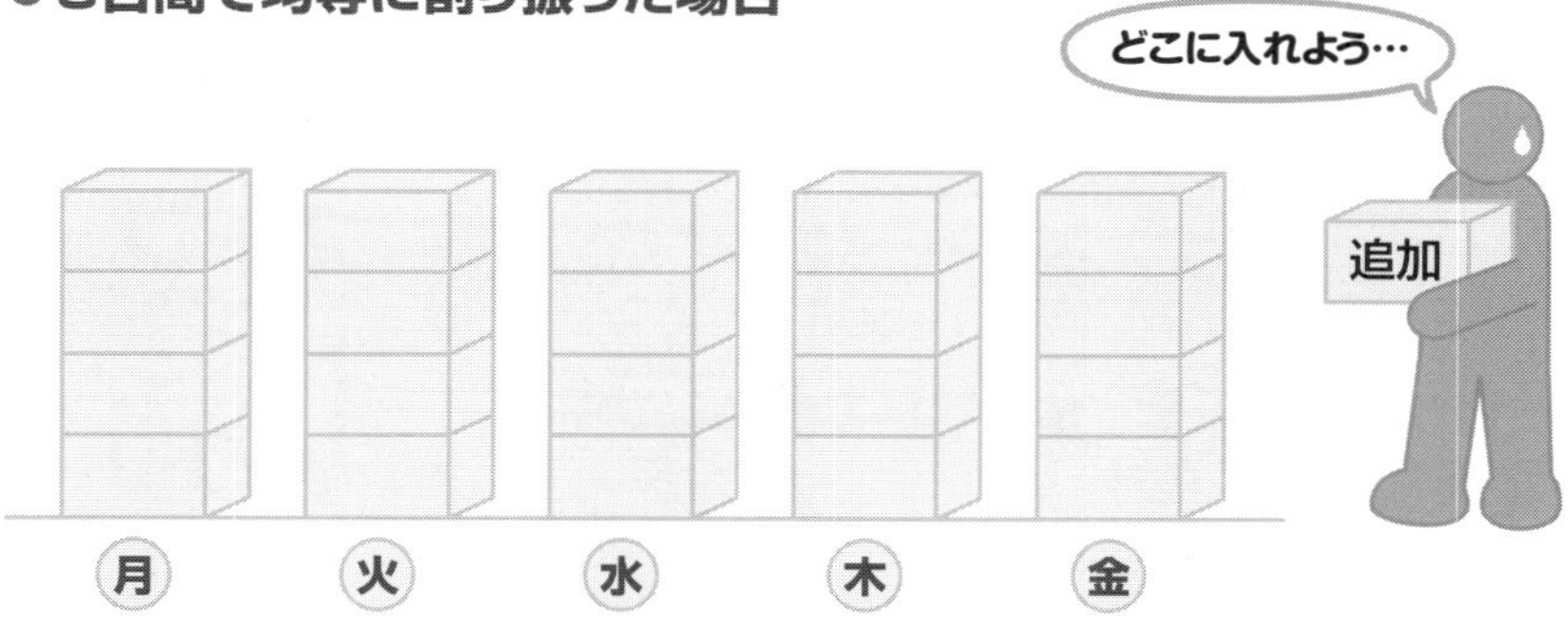

1個の作業に手間どって遅れた場合や、突発の仕事が入った場合に、目標を処理しきれなくなる。

●前半に7割片づける配分にすると

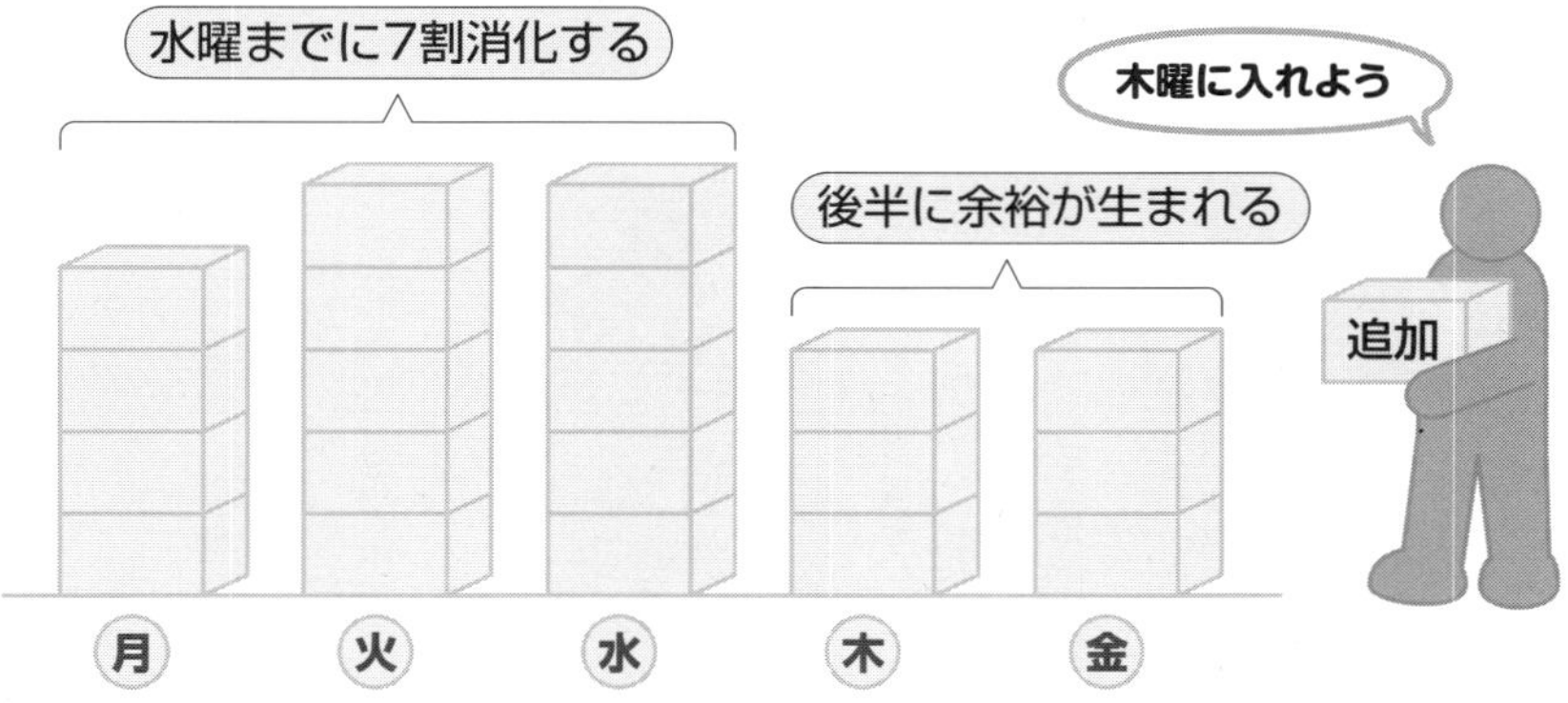

前半にペースを上げておいたぶん、後半に余裕ができるので、遅れた場合や突発の仕事が入っても慌てずに対応できる。

年間スケジュールを立てるには?

中長期スケジュールはまず目標を明確にする

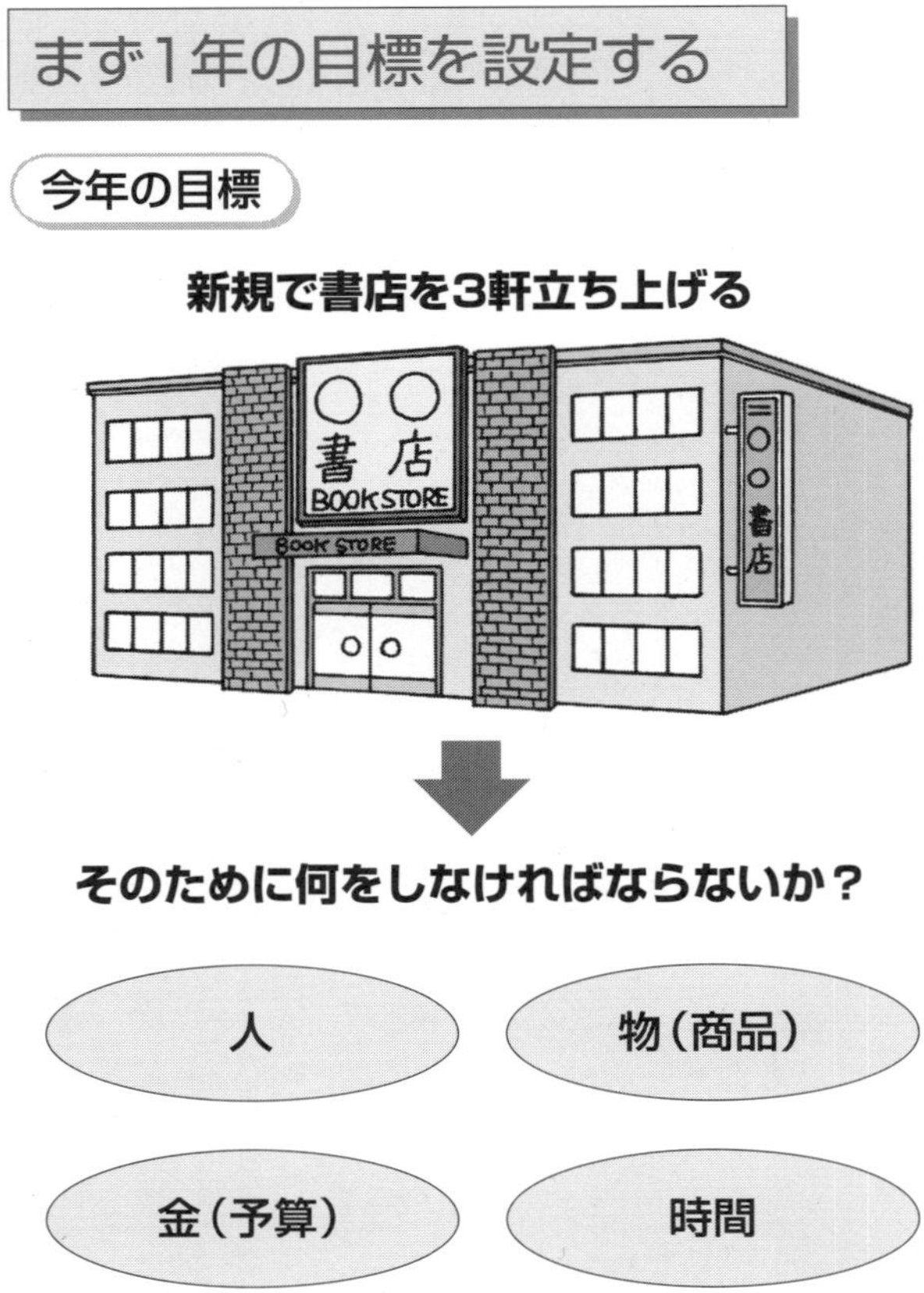
まず1年の目標を設定する
今年の目標
新規で書店を3軒立ち上げる
〇〇
書店
BOOK STORE
BOOK STORE
そのために何をしなければならないか？
人
物（商品）
金（予算）
時間

年間スケジュールを立てる際のポイントは、まずゴールを明確にすることである。1年後にはもっとステップアップしていたいと思っても、漠然とした希望だけでは、具体的に何をすればいいのかわからず、1年はあっという間に過ぎてしまう。

新しい店舗を3軒立ち上げる、宅建を取るなど、ゴールはできるだけ具体的に設定する。次に、実現に必要な時間や予算、人員などの条件を書き出して、目標の全体像を把握する。

さらに、それぞれの条件をクリアするためには、どんな準備が必要か、どれだけの時間がかかるかなどを月ごとの表にしてみると、年間スケジュールができ上がる。

目標を遂行するために全体像を把握する

必要日数を考える

作業にかかるおおよその日数を、前例から算出する。前例がなければ、経験者にきく。

目標を書き出す

設定した目標は、目立つところに必ず書き出すことで、やる気が生まれる。

20XX年　年間スケジュール　　目標　新規店3軒を立ち上げる!!

	1月	2月	3月	4月	5月	6月	7月	8月	9月	10月	11月	12月
1			商		B店着工		発					
2			品				注					
3			選				作	打ち合わせ				
4			考			B店竣工	業					
5	仕事はじめ			什器搬入						C店竣工		搬入
6	A店着工											
7						棚		搬入				棚
8			発	打ち合わせ		レ						詰
9			注			イ		棚				め
10		A店竣工	作			ア		詰				
11			業			ウ		め				予備日
12						ト						
13		棚						予備日				C店オープン
14		レ		棚		打ち合わせ						
15		イ		詰				B店オープン		商		
16		ア		め						品		
17		ウ								選		
18		ト		予備日						考		
19												
20		打ち合わせ		A店オープン								
21												
22								C店着工				
23						商						
24				海		品						
25				外		選						
26				研		考			棚			
27				修					レ			
28									イ	発		仕事納め
29									ア	注	什器搬入	
30									ウ	作		
31							什器搬入		ト	業		

ゴールから逆算する

スケジューリングは仕事の終わりから逆算すると、時間が足りない場合に代替案が考えやすい。

POINT

◆全体像を俯瞰することが重要

長期スケジュールを組むと、詳細は暫定的でも、メインの仕事が何で、それをこなすのは時間的に厳しいのか余裕があるのかなど、おおよそのその年の全体像を見渡すことができる

小目標のクリアで達成感を得る

いつも目標倒れで終わっていないか？

まず1年の目標を設定する

目標が守れない計画

現在　**作業開始**　半年後に書店をオープンさせる

最終目標までの具体的な目標がない！

↓

途中で全体の何割まで進んでいるのかつかめない

半年後　**目標**　オープン

目標が守れる計画

現在　**作業開始**　半年後に書店をオープンさせる

1か月後　小目標　建物着工

2か月後　小目標　建物竣工

3か月後　中目標　店内レイアウト完成

4か月後　小目標　商品選考終了

5か月後　小目標　発注作業終了

半年後　**目標**　オープン

短期目標が明確なので、ひとつずつクリアしていくごとに達成感がある。

↓

進捗状況がつかみやすい

スケジューリングはゴルフ同様に、自分の腕に合わせて何打で回るか目標を立ててからコースに入る。

目標を遂行するために全体像を把握する

What?（何を）……業務の具体的な内容
When?（いつ）……期限や期間など
Where?（どこで）……場所や媒体など
Who?（誰が）……担当部署、外注スタッフなど
Whom?（誰に）……ターゲット、購買対象など
Why?（なぜ）……コンセプト、目的、効果など
How?（どのように）……方法論、施策など

長期の目標や大きなプロジェクトは作業期間が長いため、途中で進捗状況を把握しづらい。目標を単なる願望に終わらせないためには、月単位や週単位、各行程ごとに小さな目標をいくつも設定するといい。

小さな目標ならば、自分の実力に見合った、より現実的なスケジュールを立てられるので、そのとき全体の何割進んだのかがつかみやすい。さらに、ひとつずつクリアすることによって、達成感が得られる。

小刻みな達成感は、大目標への励みになるし、進行具合の確認にもなる。もしも、小目標のクリアが失敗続きだったら、計画の全体的な見直しが必要である。

12

優先順位の判断基準

作業を分類して優先順位を見極める

優先すべき仕事を間違えていないか?

優先順位を判断する基準

難易度
実行が難しいかやさしいか。技術や発想力を要するかどうか。

重要度
会社にとっての重要性や、注目度などが高いか低いか。

緊急度
締め切りや納期が近いか遠いか。

作業量
作業にかかる手間が多いか少ないか。

規模
予算が大きいか小さいか、関わっている人数が多いか少ないか。

どの仕事を優先させるかの基準はいろいろある

「緊急度」と「重要度」を最優先にする

◆優先順位の分類例

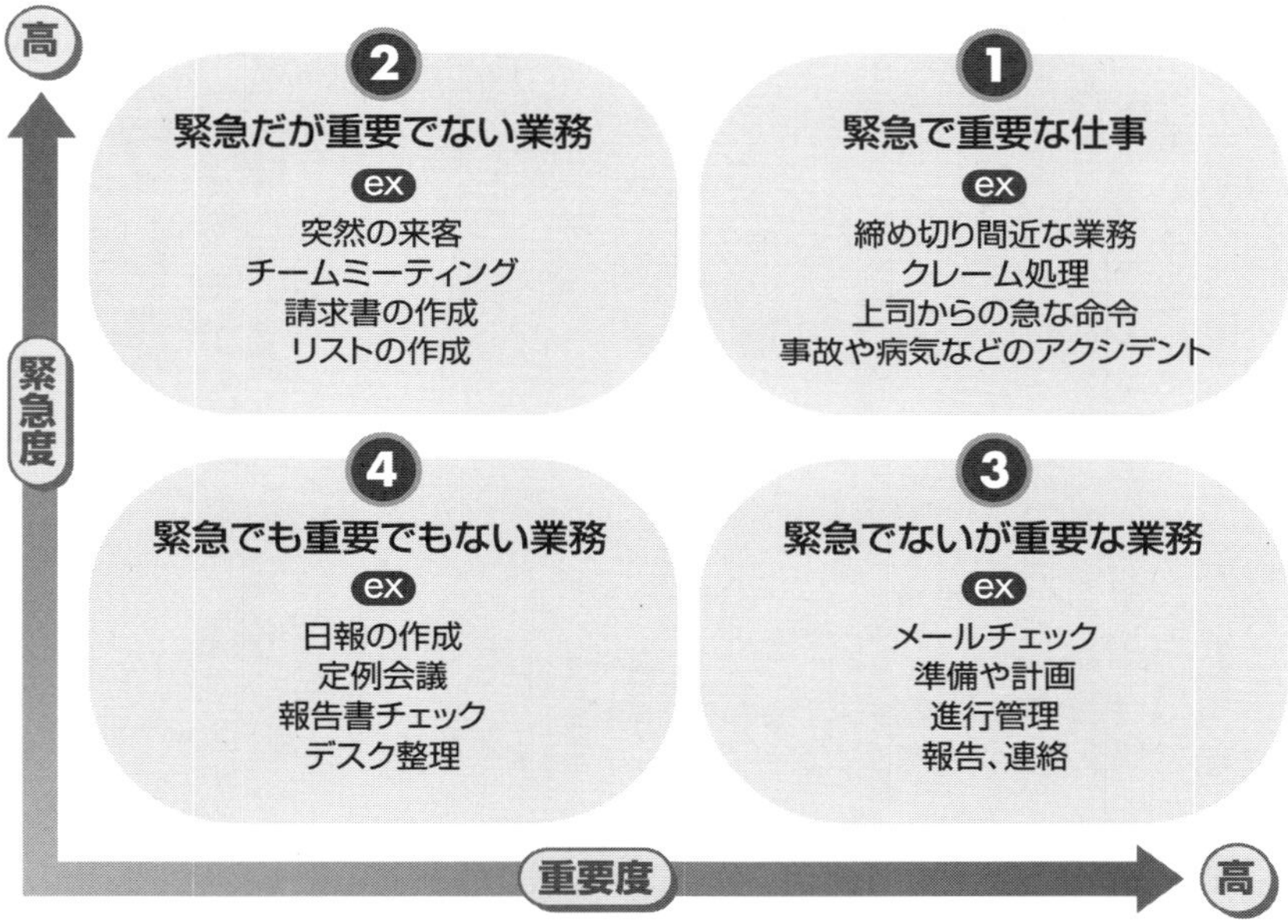

自分の担当業務に優先順位をつける基準はいろいろあるが、とくに「緊急度」と「重要度」がポイントとなる。上図は、この2つの観点から業務を分類した一例。当然、それぞれの業務をどの領域にあてはめるのかは、状況や目的によってもかわる。

やるべき作業をリストアップしたら、次は、それらの作業をどのような順番で処理していくかを決める必要がある。優先順位をどうつけるかによって、仕事の能率や成果は大きく異なってくる。

実行する順序を決定するには、難易度や作業量、プロジェクトの規模などさまざまな基準があるが、とくに重要なのが「緊急度」「重要度」である。上図のように、リストアップした業務を「緊急度」「重要度」で四つの領域に分類することによって、優先すべき仕事が自ずと見えてくるはずだ。

また、その仕事が自分ひとりでやる仕事なのか共同作業なのかなど、それぞれの条件を考慮して優先順位を決定する。

13

二度手間防止

二度手間ばかりかけていないか？

同種の仕事はまとめて片づける

同種の仕事が何度もある場合

時刻	作業
9	
10	
10.5–11.5	企画書作成
12	
13–14	データ入力
15	
15.5–16.5	報告書作成
17	
18	

パソコン作業がいくつかある場合、
バラバラにこなすとタイムロスが多い

↓

時刻	作業
9–10	企画書作成
10–11	データ入力
11–12	報告書作成
13	
14	
15	
16	
17	
18	

固めて処理してしまえば作業効率も上がり、予定より短時間で終わらせられる。

まとまった時間がとれるので、メインの仕事などに集中できる。

まとめて処理しやすい作業

アポとり

アポとりなど同じ内容の電話をかける業務は、時間帯を決めて一気にやったほうが効率がいい。

パソコン作業

文書作成やデータ処理など、パソコン作業はその都度起動させたりシャットダウンさせたりするのはロスなので、まとめてすませる。

メールの処理

メールチェックや返信などは、小まめにやっていると時間をとられるので、出勤時、13時、退社前など時間帯を決めて処理する。

外出予定

外出予定も、日にちや時間帯を固めて入れていくと、まとまった時間が確保できるうえに、移動時間によるタイムロスを減らせる。

オフィスでは、同時並行でいくつもの作業をこなしていかなくてはならない。その度に頭を切り替え、作業の準備を整えるのは、能率を落とす原因となる。

企画書作成、データ入力、報告書作成などは、いずれもパソコン作業なので、まとめて処理すれば集中して一気に終わらせられる。一度エンジンがかかったら、中断せずに一気に片づけたほうが効率的。電話かけや、コピーとりなど席を立っての雑用なども、できるだけ分散させないようにする。

ただし、得意先の訪問などは、あまりまとめすぎると、先方の都合や交通機関の乱れなどに対応できない。十分な時間の余裕をとるようにする。

14

体のリズム

〝ノリ〟の悪い時間帯に仕事をしていないか？
もっとも脳がさえている時間帯・曜日を熟知する

体のリズムと時間帯の関係

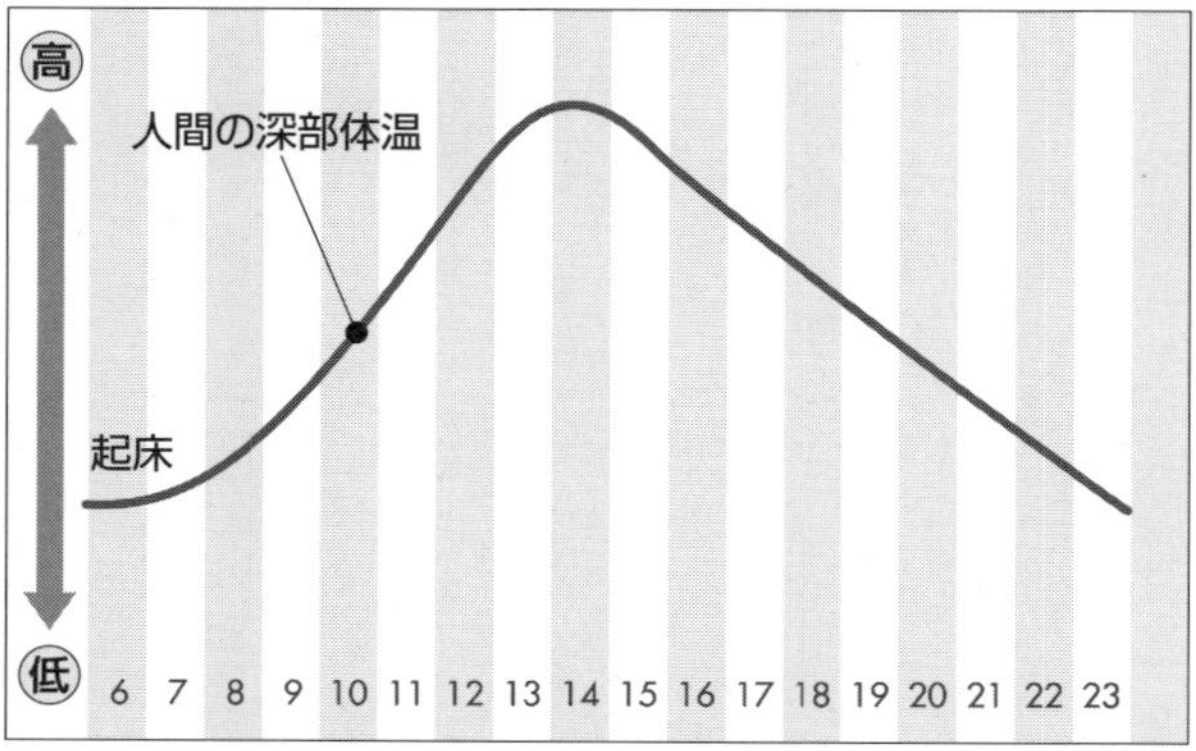

午前中は体温が上がるため集中力が高い。14時をピークに体温は下がるので、集中力は低下する。

したがって

午前中

もっとも能率が上がる時間帯のため、頭を使う作業やメインの仕事が適している。

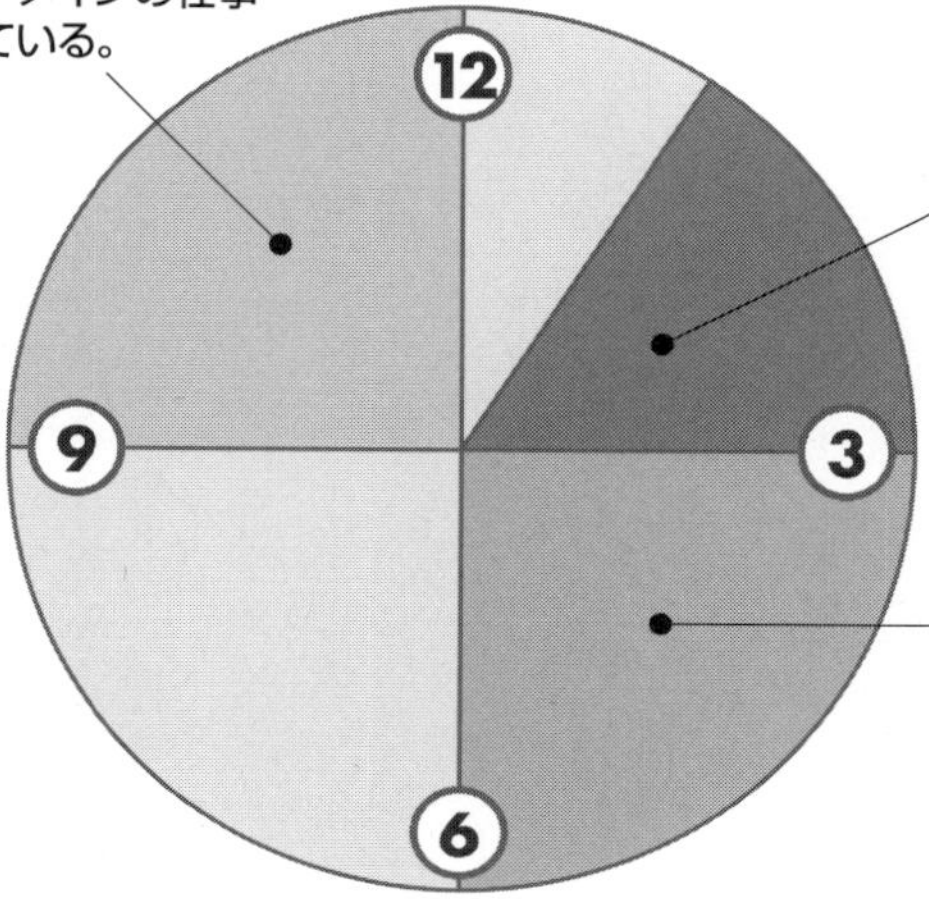

14時前後

もっとも能率が下がる時間帯。頭を使わない単純作業やルーティンワークが最適。

午後

能率的にはふつうの時間帯。商談、打ち合わせ、ミーティングなどが適している。

体のリズムと曜日の関係

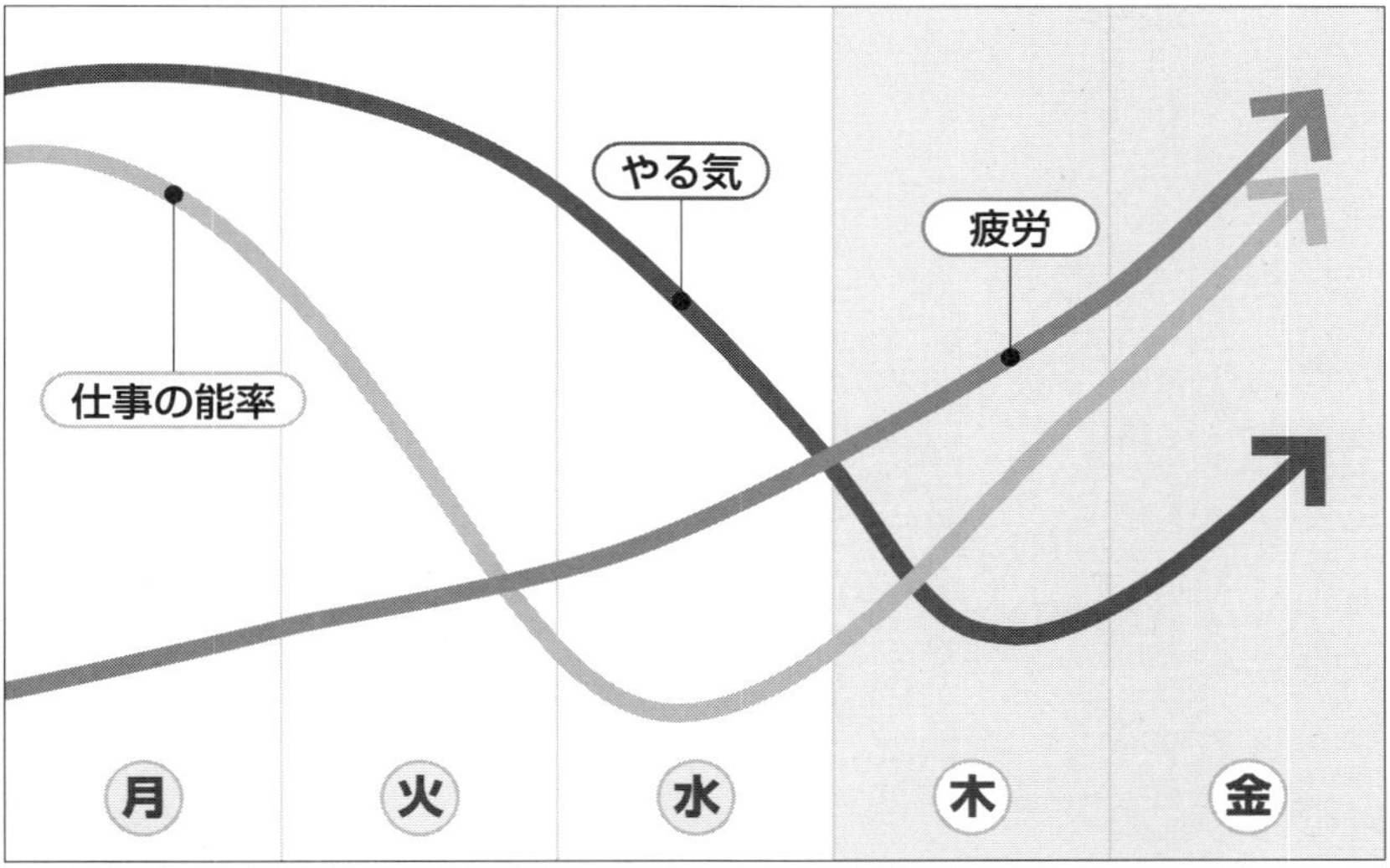

やる気が充実していて、疲労感も少ない。メインの仕事や頭を使う作業、デスクワーク、会議などが適している。

疲労が蓄積され、やる気も下がっている。単純作業や外出、営業など体を動かす仕事が適している。

1日の中でも、頭がすっきりしない出勤直後や、眠気が襲う昼食後など、能率の悪い時間帯がある。逆に、もっとも脳がさえている時間帯には能率のいい仕事ができる。

人間の生体リズムでは、起床後体温が上昇するので、それにつれ集中力が増し、午後にはピークを過ぎてゆるやかに低下していく。重要な業務は、ピークの時間帯におこなうと能率がいい。

生体リズムは、週単位でも違ってくる。もっとも能率が落ちるのは、疲れが出はじめる週の中頃だが、疲れがたまるはずの週末には、休日を前にしてまたやる気が出る。

生体リズムには個人差があるが、自分の得意な時間帯を把握して、スケジュールに反映させるといい。

15

自分時間の確保

作業時間がこま切れになっていないか？

自分の仕事に集中できる時間をまとめて確保する

予定をバラバラに入れると…

	月	火	水	木	金
9:00–10:00					
10:00–11:00			ミーティング	E社訪問	
11:00–12:00		B社訪問			
12:00–13:00					
13:00–14:00	A社訪問				
14:00–15:00			D社訪問		
15:00–16:00		C社訪問			
16:00–17:00				打ち合わせ	会議
17:00–18:00					

動かせない予定がバラバラに入ってしまうため、まとまった自分の作業時間がとれない！

電話や来客などにより、いったん作業を中断すると、再開しても頭をもとのペースに戻すまでに時間がかかる。だから、スケジュールはなるべく作業が中断しないように組んで、自分の作業時間を極力まとめて確保するようにしたい。

自分ひとりでやる仕事は、中断しないように調整できるが、突然の来客や電話などは、自分では防ぎようがない。

そこで、誰にもじゃまされない時間を確保するために、かかってきた電話に対しては、部下や同僚に頼んで外出中にしてもらい、居留守を使う。さらに、社内の会議室や近所の喫茶店、図書館など、あえて外で仕事をするという手もある。

予定をまとめて入れると…

	月	火	水	木	金
9:00		E社訪問			
10:00					ミーティング
11:00		B社訪問			
12:00					
13:00		A社訪問			
14:00					打ち合わせ
15:00		D社訪問			
16:00					会議
17:00		C社訪問			
18:00					

自分の作業時間を、
まるまる3日間確保できる!

“自分時間” をつくる方法

早朝出勤する
朝は邪魔が入らないので仕事がはかどる。

外で仕事をする
外に持ち出せる仕事なら、喫茶店や図書館などで仕事をする。

居留守を使う
周囲の人に頼んで、ある時間帯は外出していることにしてもらう。

会議室にこもる
社内なら、会議室などをおさえて、仕事を持ち込む。

16

プライベートの予定

土日を仕事でつぶしていないか?

プライベートの予定はどんどん入れる

プライベートを後回しにしていないか?

残業や休日出勤に追われて週末に予定を入れられないビジネスマンもいるだろう。こういう人は、思い切ってプライベートの予定を先に入れてみるといい。

プライベートの予定をキャンセルしないために仕事を早く終えなければという気持ちが、ぐっと効率を上げるのだ。つまり、プライベートの予定を締め切りにするのである。週末の予定を後回しにしていると、金曜までに仕事が終わらなくても「土日があるからいいや」と甘えが生まれてしまう。

したがって、スケジュール表を、仕事用とプライベート用に分けるのは逆効果である。

プライベートの充実が、仕事の密度を高めるのである。

仕事以外の予定で締め切りをつくる

仕事とプライベートのスケジュール帳を分けている人もいるが、とくに仕事が遅い人はひとつにまとめるといいい。結婚式や家族旅行などキャンセルできない予定を先に入れてしまえば、どうにかしてその日に仕事をしなくてもすむようにするだろう。プライベートの予定を締め切りがわりにしてしまうのだ。

MON	TUE	WED	THU	FRI	SAT	SUN
		1	2 19:00～ジム	3 14:00～会議	4 13:00～結婚式	5
6	7 19:00～英会話	8 13:00～A社 15:00～B社	9 19:00～ジム	10 14:00～会議 20:00～映画	11	12 7:00～釣り
13 15:00～C氏打ち合わせ	14 19:00～英会話	15 19:00～D社接待	16 19:00～ジム	17 14:00～会議	18 家族旅行（18～19）	19
20 企画書締切	21 19:00～英会話	22 11:00～E氏打ち合わせ	23 大阪出張（23～24）	24	25	26 7:00～ゴルフ
27 16:00～月末会議	28 19:00～英会話	29 19:00～ライブ	30 14:00～A社プレゼン 19:00～ジム	31 14:00～会議 19:00～飲み会		

平日もアフター5の予定を入れてしまう

休日にはプライベートの予定をどんどん入れていく

POINT

- ◆土日やアフター5に予定を入れてしまうことで、締め切りをつくる
- ◆プライベートの予定は別の色ペンで書くと、一目瞭然
- ◆プライベートな予定を大切にすることで、モチベーションを高める

現代人の時間の使い方②

待ち合わせの遅刻 何分まで許せる?

	待つ時間	待たせる時間
全体	25.1分	16.9分
目上の人	26.4分	8.8分
家族	22.1分	20.8分
友人	22.0分	17.9分
恋人	29.9分	20.0分
恋人(自分が男性)	31.4分	19.1分
恋人(自分が女性)	28.4分	21.0分

出典:『時間のイメージ2004』(セイコー)

あなたは、待ち合わせた人が遅刻した場合、何分までなら許せるか?

当然、相手によって異なるが、アンケートによると、待つ場合の平均時間は約25分、待たせる場合は約17分となった。

もっとも長く待てる相手は恋人で、男性のほうが長く待ち、女性のほうが長く待たせていることがわかる。なんと目上の人よりも彼女を待つ時間のほうが長いのだ。上司よりも彼女が怖いのだろうか。

反対に自分が遅刻した場合は何分まで許してもらえそうかという質問では、もっとも待たせる時間が短いのは、やはり目上の人なのだが、もっとも待たせても許されそうなのは彼氏だった。

第2章 要領がいい人から学ぶ仕事の進め方

人に仕事をふることを知っている……P.58
3分のすきま時間をムダにしない……P.60
人に教わることをためらわない……P.62
進捗状況の確認に重きをおく……P.64
翌日の作業のリストアップを退社前にする……P.66
人と同じ時間に同じことをやらない……P.68

タイムマネジメントの掟 2

仕事の速い人と遅い人の差は、処理速度にある。いくらよい計画をたてても、仕事の進め方が間違っていれば、仕事は片づかない。だが、本章で紹介しているように、仕事の進め方は、ちょっと意識をかえるだけで大きく改善される。

▶時間の使い方のうまい人は、

一番ハードな仕事から片づける …… P.50
考える時間に制限時間を設ける …… P.52
急に頼まれた仕事にふりまわされない …… P.54
他人の時間を奪わない …… P.56

17

先のばし防止

いやな仕事を後回しにしていないか？
一番ハードな仕事から先に手をつける

簡単な仕事からはじめると…

まずい
明日までに間に合わない…

先のばしの繰り返しとなり、いつまでも終わらない

めんどうな仕事からはじめると…

よし！やった!!
きつかったなぁ〜

ハードな仕事をクリアすれば、達成感を得られるうえにストレスもなくなり、その後の仕事がはかどる

“先のばし癖”に打ち勝つ方法

自分にご褒美をあげる

旅行に行ったり、欲しかったものを買うなど、何でもいいのでやり抜いた自分にご褒美を用意し、モチベーションを高める。

終わらなかったときのことを想像する

「もし、この仕事が終わらなかったら…」を想像してみる。減給、降格、クビなどの最悪の事態を想像することによってお尻に火をつける。

クレーム処理やミスの報告など、気の重い仕事やめんどうな業務はつい後回しにしがちだ。だが、それでは後回しにした仕事が気になり、ほかの仕事に集中できない。

いつかはやらなくてはいけないのだから、めんどうな仕事こそ先送りせずに真っ先に片づけてしまうこと。つらい思いをしたとしても、終わらせてしまえば、やりとげたという達成感が得られ、その後の仕事にも弾みがつく。

やる気が出ないなら、「終わったら、海外旅行に行くぞ」などと自分への報酬を用意する。それでも効果がなければ、「これをしなくては、クビになるかも」とやらなかったときのことを想像し、自分を追い込むという方法もある。

18

決断力

決断を先のばしにしていないか？

“すぐやる”ができない人は3択で結論を出す

決断力のない人の場合

悩む時間が長い

↓

悩んでいる間ほかの仕事が進まない

↓

スケジュール全体が遅れる

仕事が遅い原因のひとつに決断力のなさがある。やるべきか、やめるべきか迷ってばかりで、決断を先のばしにするクセがついている人だ。その結果、自分のみならず周囲の人のスケジュールにまで悪影響をおよぼす。

こういうときは、シンプルに考える。結論は「やる」「やらない」「保留」のいずれかである。諸条件のメリット、デメリットを鑑《かんが》みて、この3択から最良の答えを選ぶのだ。また、10分なら10分と、考える時間にタイムリミットを設け、その時間内に答えを出すようにする。そして、制限時間をすぎても答えが出なかったり、現在の条件ではやれない場合は保留にすればいい。

即決即実行の人の場合

判断に迷うときは3択で考える

❶やる

メリットとデメリットを比較して、リスク以上に魅力がある仕事なら、迷うことなく即決する。

❷やらない

メリットとデメリットを比較したときに、魅力はあるがリスクに見合わない場合は、さっさと見切る。

❸保留

すぐに判断が下せない場合は保留にする。この場合、どのような条件になれば「やる」「やらない」を判断できるかを明確にしておく。

この仕事が成功すれば
我が社の名は世界に知れわたる
だが、失敗したときのリスクも大きい
サンライトレコー

POINT

◆決断の極意

- 考える時間に制限時間を設ける
- 制限時間内に判断できない場合は保留にする
- 安易に楽な選択肢を選ばないこと

19

急務の処理

急に入った仕事にふりまわされていないか？
すぐにやるべき仕事か見極める

急な仕事を頼まれた場合

○○君
すまんが
すぐに見積書を
出してくれ
わかりました
いつまでに
必要でしょうか？

いつまでにやらなければいけないかを必ず最初に確認する

上司や得意先から急な仕事を頼まれると、ついそれを優先しがちだ。しかし、必ずしも「突発業務＝最優先」とは限らない。

取りかかる前にワンクッション置き、作業中の業務を中断してでもやるべき緊急の仕事かどうかを見極めるようにする。すぐやるべきだと判断したら、どんな手順で進めるのか、中断したほうの仕事はどうするかも考える。

冷静に判断し、突発的であっても、そこまで急ぐ必要がないと思ったら、締め切りはいつか確認し、ほかの仕事との調整をはかる。

見極めにかかる時間は、たかだか数分である。あせって段取りもつけないままスタートするより、結果的に時間の節約になる。

急な仕事の処理はこうやる

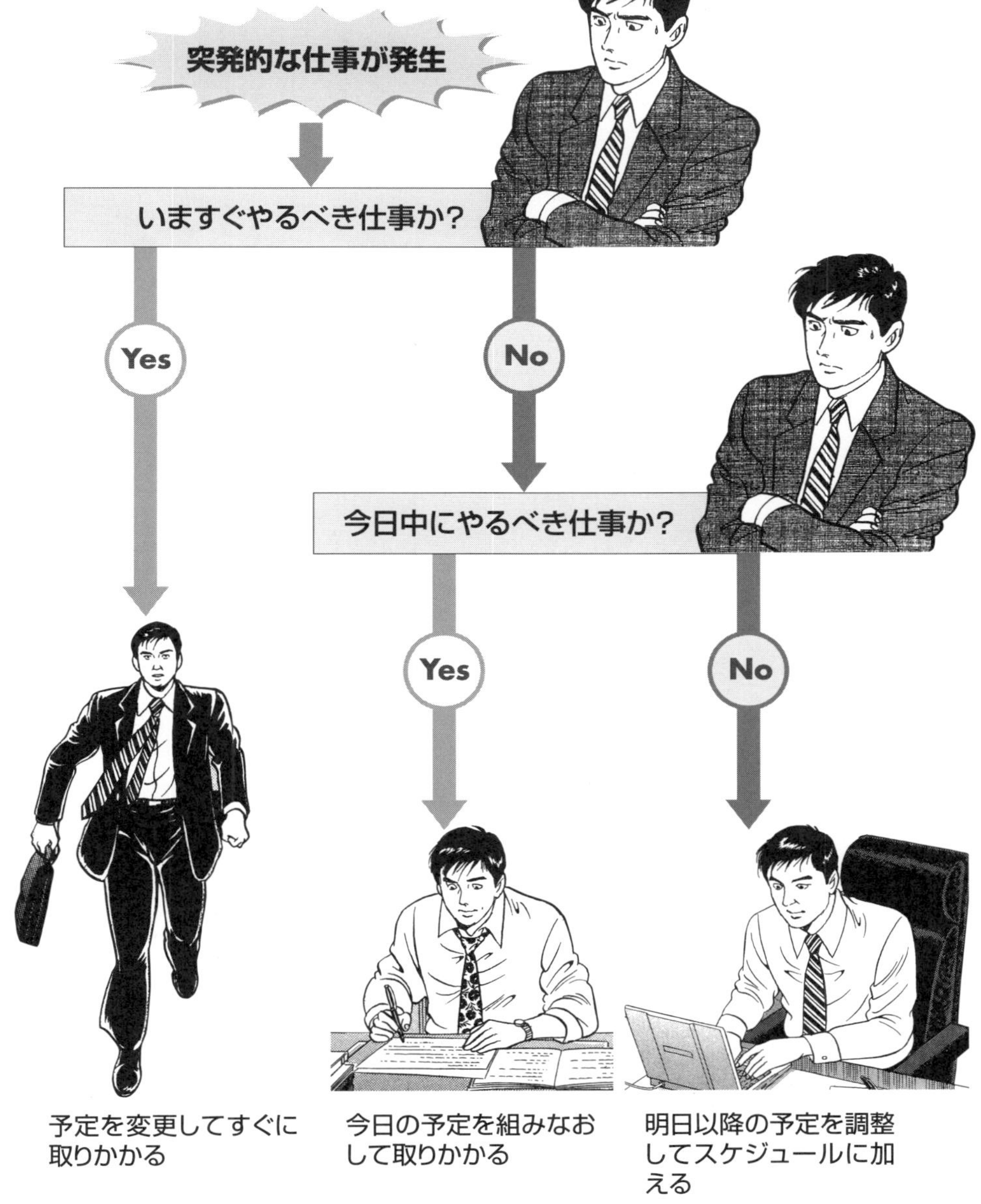
突発的な仕事が発生
いますぐやるべき仕事か?
Yes
No
今日中にやるべき仕事か?
Yes
No
予定を変更してすぐに取りかかる
今日の予定を組みなおして取りかかる
明日以降の予定を調整してスケジュールに加える

他人の時間を奪っていないか？
〝すぐやる〟を実行して相手の待ち時間を減らす

深作さん
先日のお仕事
お持ちしました

えっ！
もうできたの？
いつも仕事が
早いねー

担当の業務を〝すぐやる〟ことは、自分のタイムロスを減らすのはもちろんだが、一緒に仕事をやる人に時間をプレゼントすることになる。

たとえば、納期は1週間後だが、実際には3日あれば完成させられる仕事があるとする。こんな場合、すぐさま取りかかって3日後にクライアントに納品する人と、ぎりぎりまで手をつけずに締め切り当日に納品する人がいる。

クライアントにとってありがたいのは、言うまでもなく3日後に納品する人である。早く納品されたぶん、クライアントは次の作業を前倒しできる。仕事にかけた時間は同じ3日でも、クライアントに与える印象は大きく違うのだ。

納期が1週間後の場合

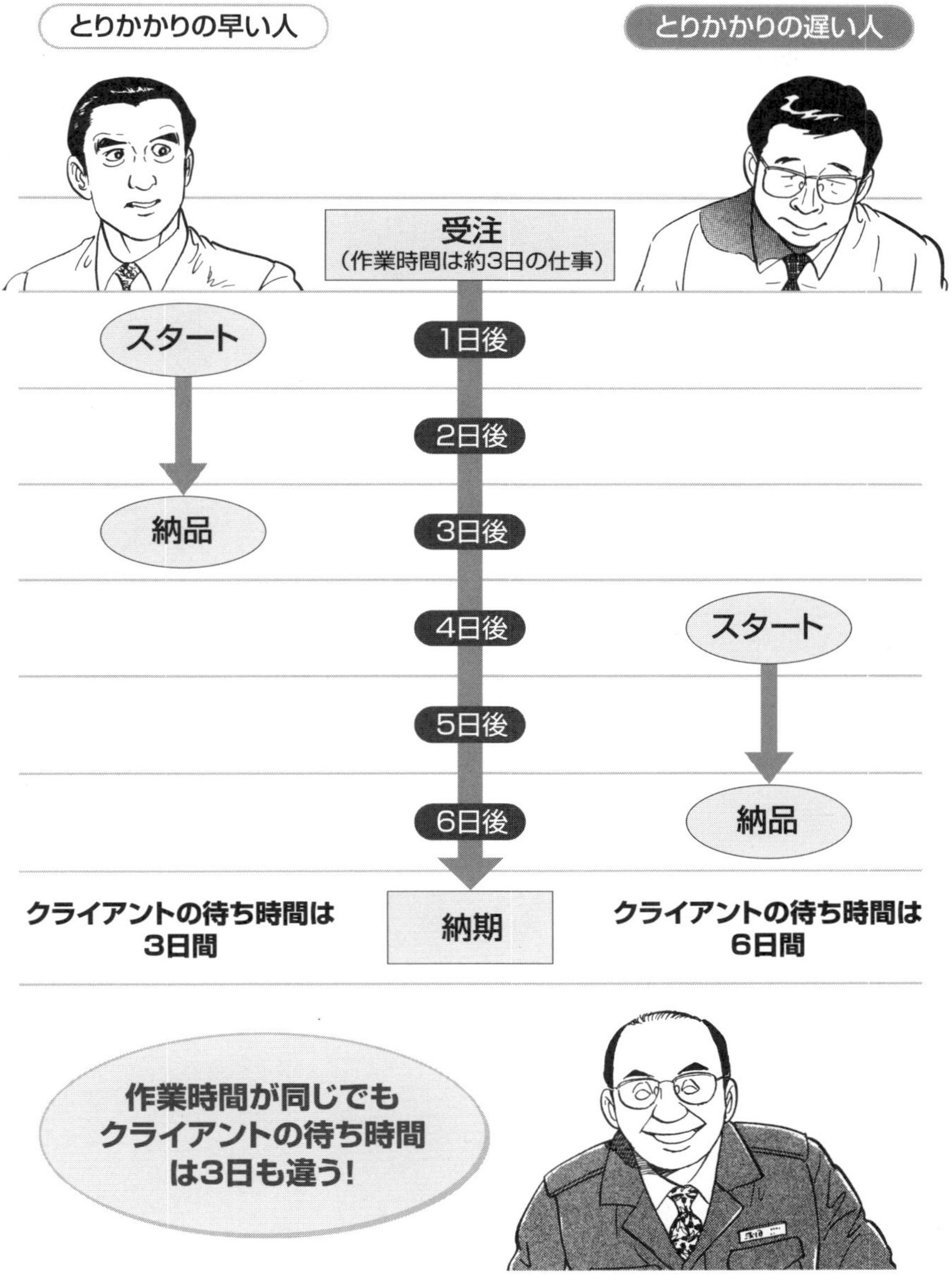
とりかかりの早い人
とりかかりの遅い人
受注
（作業時間は約3日の仕事）
スタート
1日後
2日後
納品
3日後
4日後
スタート
5日後
6日後
納品
クライアントの待ち時間は
3日間
納期
クライアントの待ち時間は
6日間
作業時間が同じでも
クライアントの待ち時間
は3日も違う！

21

仕事の分担

仕事を抱え込みすぎていないか？
ほかの人でもできる仕事は自分でやらずにふる

仕事が遅い原因のひとつに、仕事の抱え込みすぎがある。とくに、すべて自分でやらなければ気がすまない完璧主義の人に多い。最初は、指示したり教えたりするのに時間や労力がかかるので、自分でやったほうが速いと思うかもしれない。だが、信頼できる部下やビジネスパートナーの育成も、ビジネスマンに求められる能力である。

他人に仕事を任せるのが不安なら、まずは簡単な作業や、急ぎでない仕事をふる。問題なく完了させられる人なら、徐々に難しい作業を任せていく。とくに、自分でなくてもできる仕事は、どんどん人にふって、自分にしかできない業務にあてる時間を増やすことが、仕事の効率化には欠かせない。

統計データをまとめる場合

ひとりで作業した場合

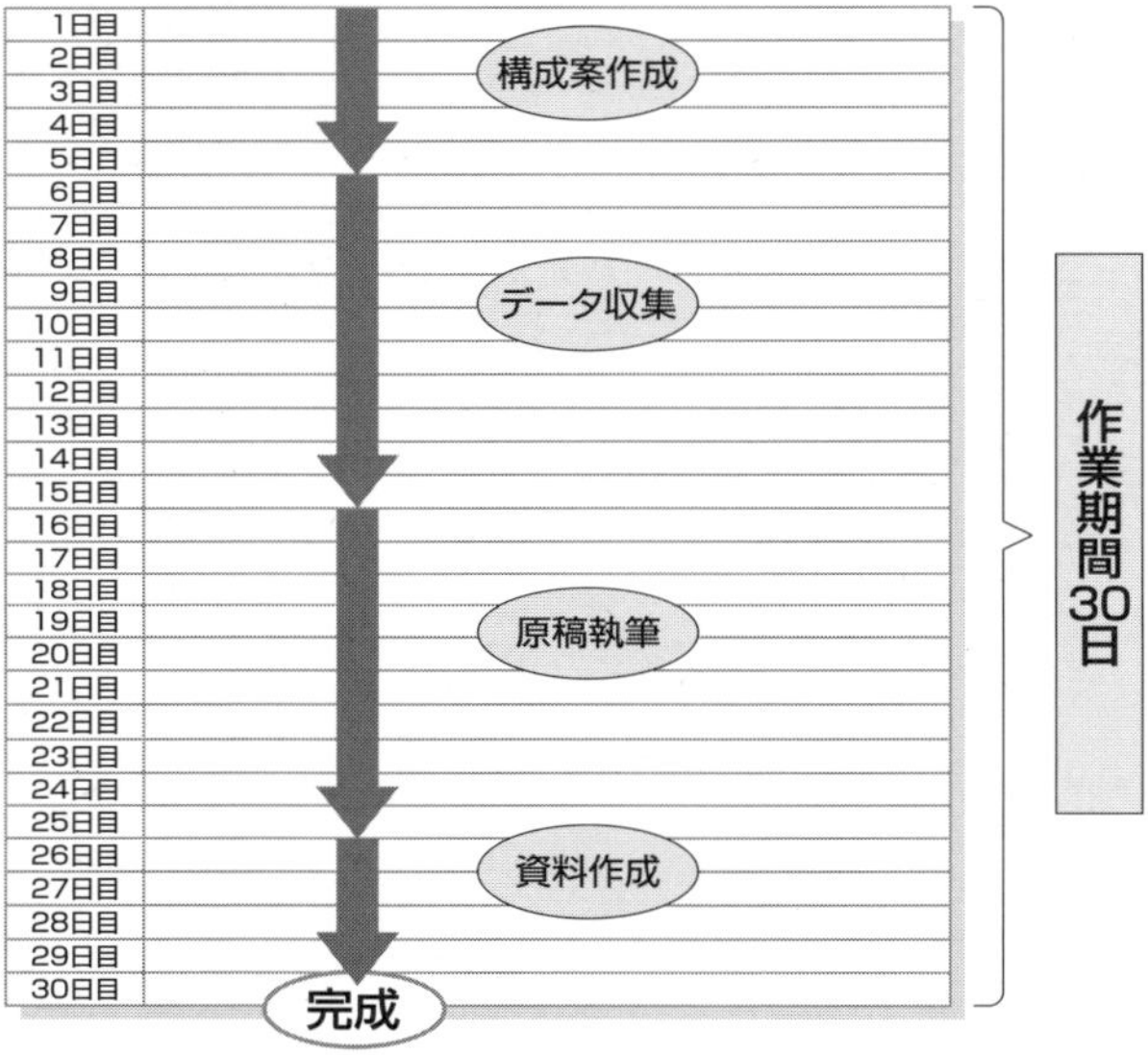

作業期間の30日間は
ほかの仕事ができない

他人に任せることで効率を上げる

他人に仕事をふった場合

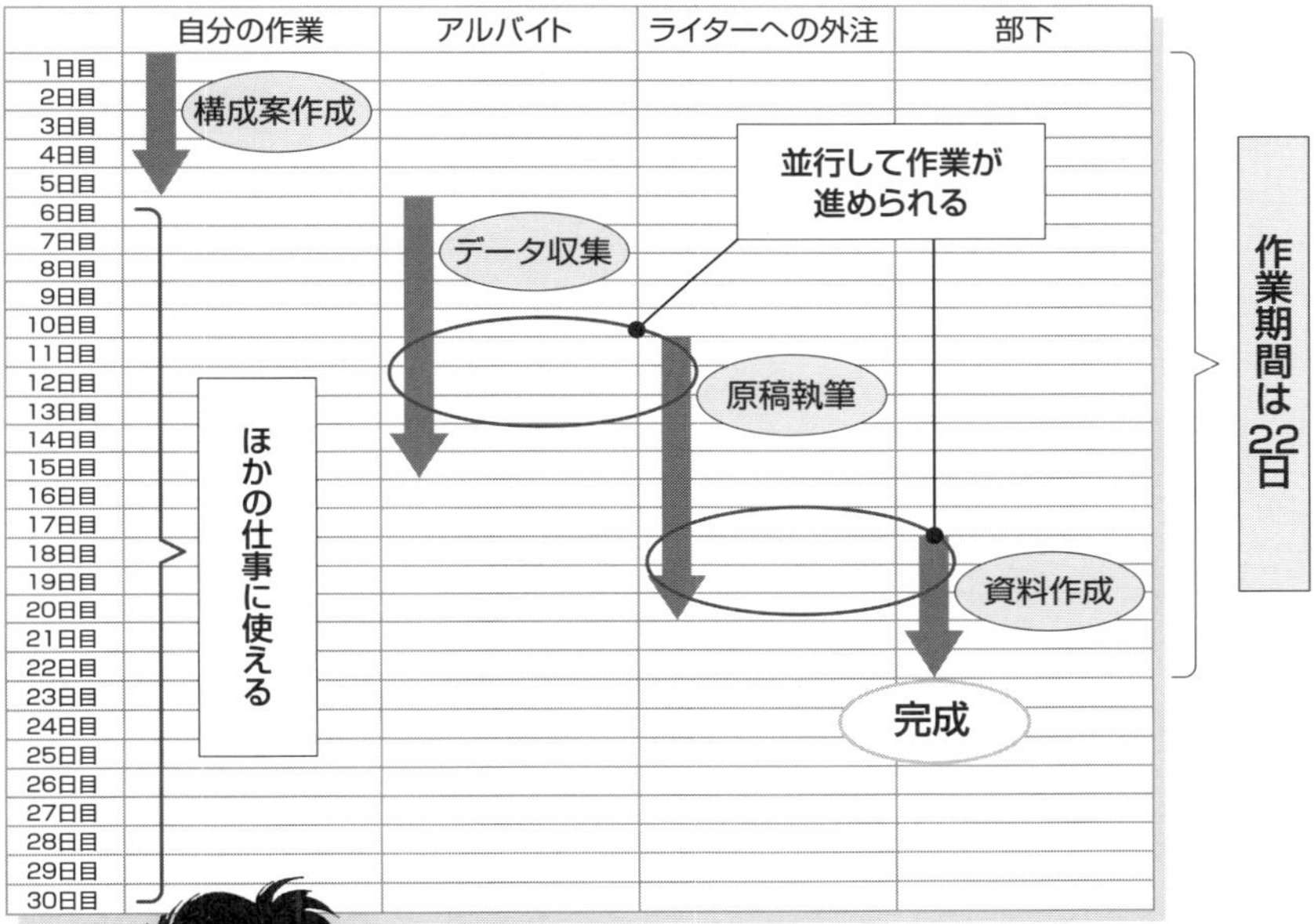

メリット

① 作業期間を短縮することができる

② ほかの仕事に使える時間を増やせる

デメリット

① 任せた人が遅れると期限に間に合わなくなる

② 他人に任せるので、仕上がりが自分のイメージと異なる

22

すきま時間の活用

空き時間をムダにしていないか？

3分でできる作業をリストアップしておく

商談の相手が遅刻したり、バスや電車を待ったりなど、勤務時間中に思わぬ空き時間ができることがある。こんなときこそ、あなたのタイムマネジメント能力が問われる。

時間の達人は、突然の短いすきま時間こそ有効活用する。3分あればメールチェックをしたり、伝票の1枚も書ける。10分あればコンビニの店内を見てヒット商品をリサーチしたり、簡単な書類を仕上げることができる。30分もあったら、ちょっとした仕事が片づけられる。

重要なのは、ふだんから短時間でできる作業をリストアップしておくことだ。すきま時間が急にできてから、「何をしようか」と考えていると、あっという間にその時間は過ぎてしまう。すきま時間を活かすためには、外出するときに必ず本や書類を持っていき、どこでも作業ができる準備をつねにしておくのだ。

すきま時間といっても、1日分を合計すると、かなりの長さになる。無駄にするのはもったいない。

わずかな時間でもこれだけのことができる

● 3分あれば…

- 礼状を書く
- メモをとる
- 電話を1本かける
- 書類に目を通す

● 10分あれば…

- 日報などを作成する
- 名刺を整理する
- 机を整理する
- メールチェックする

● 30分あれば…

- 書店で新刊をチェックする
- 文書を作成する
- 雑誌、新聞に目を通す
- 資格取得の勉強をする

23

人の活用

ひとりで悩む時間が長すぎないか？

考えても結論が出なければ人に教えてもらう

なぜ彼は仕事が遅いんだね
理由は？
彼は人にきかないんですよ

　仕事の進め方がわからなかったり、判断に迷ったときは、まずは自分で考えるだろう。だが、長時間悩むのは時間のロスでしかない。

　たとえば、パソコン操作で、いくらマニュアルを読んでもわからなかったことが、同僚にきいた途端あっさり解決したという経験はないだろうか。経験者やその分野に詳しい人に教えてもらうのだ。自分で答えが出せない場合は、経験者やその分野に詳しい人に教えてもらうのだ。


　教えてもらうという姿勢は、相手の好感を得るのにも役立つ。たとえ相手が部下だったとしても、決して恥ずかしいことではない。

　さらに、人に教わるということは、新しい知識を手短に得られるだけでなく、失敗のリスクを減らすというメリットもある。

疑問点は人にきいたほうが効率的

5分考えても
答えが出ない場合

人に教えてもらう

前任者や経験者に
疑問点を質問する

ムダな選択肢が排除されるうえ、
失敗のリスクを減らせる

自分で考える

答えが出るまで机の
前でひたすら考える

悩む時間がかかったうえに、
実行しても失敗するリスクがある

24

スケジュールの進行管理

進捗状況の確認を忘れていないか？

進行チェックが問題を未然に防ぐ

いくら綿密な計画を立てても、実際に作業にとりかかってみると不測の事態が起きたり、問題が発生するもの。このようなトラブルを防ぐためには進捗状況のチェックが欠かせない。

計画、実行まではそつなくこなすビジネスマンは多いが、点検や改善はおざなりになりがちである。しかし、トラブルが発生してからあわてて改善策を練っているようでは遅い。スケジュールの遅れだけではなく、計画そのものが頓挫する可能性もある。

点検、改善は、そのようなリスク管理の基本となる。1日単位や週単位などで必ず進行状況の点検をし、遅れやミスなどがあれば、問題が大きくならないうちに軌道修正する。この習慣をつけておくと、トラブルの早期解決だけでなく、問題の未然防止につながる。

点検の方法としては、ムダ、ムリ、モレ、ミスの「4つのM」に注目するといい。この点検、改善作業の重要性は、規模が大きく長期間にわたるプロジェクトほど増す。

今村君
例の
プロジェクトは
どこまで進んで
いるんだ？

PDCAサイクルの要は「Check」

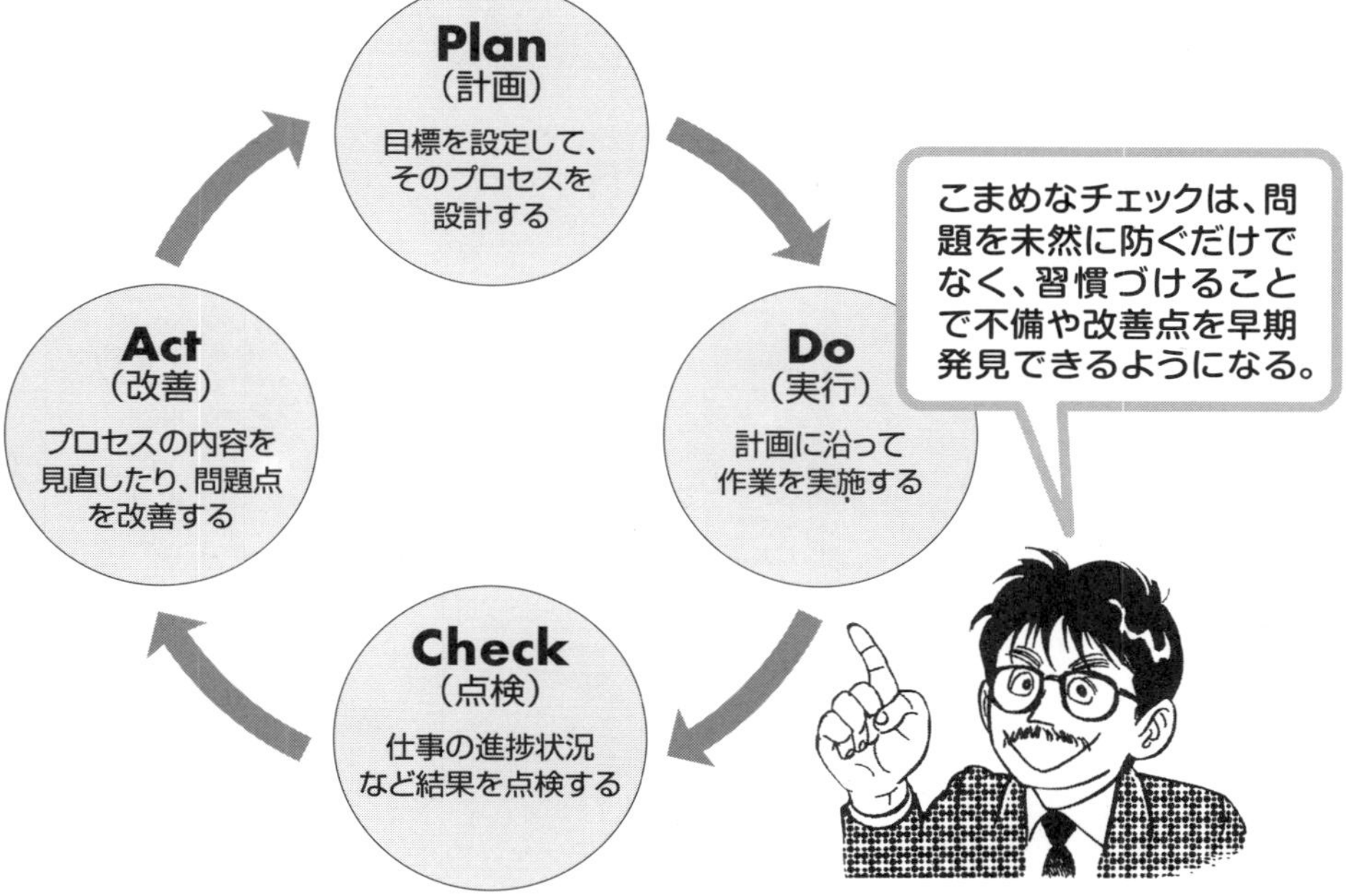
Plan
（計画）
目標を設定して、そのプロセスを設計する
Do
（実行）
計画に沿って作業を実施する
Check
（点検）
仕事の進捗状況など結果を点検する
Act
（改善）
プロセスの内容を見直したり、問題点を改善する
こまめなチェックは、問題を未然に防ぐだけでなく、習慣づけることで不備や改善点を早期発見できるようになる。

“4つのM”でスケジュールをチェック!!

ムダはないか

- □時間をかけすぎていないか
- □作業手順に重複はないか

モレはないか

- □抜けている作業はないか
- □手配しそびれているものはないか

ムリはないか

- □スケジュールにムリはないか
- □経費はオーバーしていないか

ミスはないか

- □期限は間違っていないか
- □誤解や勘違いはないか

25

翌日の準備

退社前のひと手間を怠っていないか？
今日の成果をチェックし翌日の作業をリストアップ

① 今日の予定の成果を確認

チェックポイント

- 予定の仕事はすべて完了したか？
- やり残した仕事はいつ処理するか？
- 追加しなければならない作業はあるか？
- 変更した業務はないか？

1日の仕事を終えたら、デスクまわりの片づけのほかにやるべきことがある。その日の成果のチェックである。

予定していた作業はすべてこなせたか、やり残した仕事があるのなら、その原因は何だったのかを退社前に分析する。やり残した仕事は、どうやってカバーするのかを検討し、以後のスケジュールを調整する。

そして、その日の成果をチェックしたら、そのまま翌日やるべき作業をリストアップする。翌日の行動の段取りを退社前に書いてしまうのである。前日に作業をリストアップしておくことで、翌日は出勤直後に素早く仕事にとりかかれる。

② 翌日の仕事をリストアップする

今日の成果が確認できたら、その日のうちに、明日やるべき仕事を箇条書きに書き出しておく。すると、やり残した仕事と明日やるべき仕事が整理できるうえに、翌日出社後すぐに仕事にとりかかれる。

（今日のメモ）

07.4.10

~~黒沢氏TEL~~
~~11:00～塩田氏打ち合わせ~~
△プレゼン企画書
~~14:00～部会~~
~~16:00～青山氏　新宿アルタ前~~

やり残した仕事は明日の予定に転記する

（翌日のメモ）

07.4.11

プレゼン企画書
見積書提出
14:00～チームミーティング
データ入力

③ 机のまわりを整理する

机を散らかしたまま退社すると、翌日は机の片づけからはじめなければならない。退社前には机の上を整理し、翌日の最初の仕事に必要なものを用意しておくと、スムーズに仕事にとりかかることができる。

26

時間差行動

人と同じことを同じ時間にしていないか？

時間差行動で待ち時間をなくす

タイムマネジメントにおいて、待ち時間ほどムダな時間はない。とくに最大のロスは順番待ちだが、これは人と同じ時間帯に同じ行動をとるから生まれる。こんなときこそ時間活用の極意である時間差行動を心がけたい。

たとえば飲食店は、正午から1時のランチタイムがもっとも混雑している。そこで、混雑時をずらして1時以降に行くようにすれば並ばずにすむ。反対に、みなが昼食に出ている昼休みに仕事をするという手もある。閑散としたオフィスだと、静かなうえコピー機などの機器を独占できるので効率がいい。

この時間差行動のメリットは勤務時間中だけに限らない。通勤ラッシュは、ピークを避ければばかなり楽になるし、旅行に行くのもシーズンオフにすると割安になる。

ちょっと視点をずらして、人と違う時間帯に行動することで思わぬ時間が生まれるのである。知らないうちに人と同じ時間に同じ行動をとっていないか、自分の毎日を見直してみよう。

お昼時の飲食店は混んでいるので、待ち時間は長くなる

人と違う行動は時間を生む！

コピーは昼休みにとる

12〜13時が昼休みの会社は、昼休み前後はコピー機が混み合う。逆に昼休み中はコピー機が空いているので、並ぶことなく短時間ですませられる。

銀行は金曜や月末に行かない

銀行やATMは金曜や月末は混んでいるため待ち時間が長い。支払いなどは、空いている週の前半や月末前にすませておきたい。

昼食はランチタイムをはずす

お昼時は飲食店が混むので、外で並んだり料理が出てくるのが遅い。少し早めの11時や、時間をずらして14時頃に行くとタイムロスが少ない。

人気スポットは平日に行く

話題の映画やテーマパークなど人気スポットは週末に混雑するので、有給休暇などをうまく利用して平日に行くと、ゆっくり楽しめる。

現代人の時間の使い方 ③

「ちょっと1杯」は何時間?

	30分	1時間	1時間30分	2時間	2時間30分	3時間	平均値(分)
全体	9.3	47.3	18.8	22.3	1.0	1.5	78.9
男性	6.0	45.0	19.0	26.5	1.5	2.0	83.6
女性	12.5	49.5	18.5	18.0	0.5	1.0	74.3
20代	7.0	41.0	27.0	20.0	2.0	3.0	83.4
30代	9.0	44.0	19.0	26.0	1.0	1.0	80.7
40代	9.0	46.0	18.0	26.0	1.0	0.0	79.2
50代以上	12.0	58.0	11.0	17.0	0.0	2.0	72.3

出典:『ビジネスパーソンの「時に関することば」意識調査』(シチズン)

「ちょっと1杯」は1時間20分

アフター5の古典的誘い文句である「ちょっと1杯やっていかない?」。昔から耳にするフレーズだが、こう言われたとき、あなたはどれくらいの時間と捉えるだろう。

上の調査によると、あまり個人差はなく、もっとも多かったのは「1時間」で、次いで「2時間」という回答だった。平均は約1時間20分なので、気持ち短めといったところか。

おもしろいことに、女性は「30分」「1時間」という回答が男性よりも多く、反対に1時間30分以上という回答は少ない。どうやら女性のほうが時間を節約しようという意識が強いようだ。

第3章 シーン別 時間短縮のテクニック

商談の切り上げどきを逃さない ……………… P.86
どんな話も3分以内にまとめる ……………… P.88
会議にかかるコストを自覚している ……………… P.90
会議が短時間で終わるよう工夫する ……………… P.92
会議の事前準備にぬかりがない ……………… P.94
根回しが何たるかを心得ている ……………… P.96
勤務中に散歩する余裕をもっている ……………… P.98
睡魔に襲われたら昼寝する大胆さをもつ ……………… P.100

タイムマネジメントの掟 3

仕事の速い人は、どんな仕事を任せても要領がいい。ちょっとしたダンドリやひと手間が時間を生むということを知っているからである。本章では、アポとりや交渉、会議といった具体的なシチュエーションで使える時間短縮のテクニックを解説する。

▶時間の使い方のうまい人は、

早朝出勤のメリットを熟知している …………………… P.74

通勤時間を自分時間にしている ……………………… P.76

相手の都合に合わせてアポをとらない ………………… P.78

アポを固めて移動時間を短縮する …………………… P.80

交渉相手の警戒心を解くすべを知っている ………… P.82

交渉時に雑談を忘れない ……………………………… P.84

27

早朝出勤

3時間の残業より1時間早く出社する

早朝出勤をあきらめていないか?

残業型ビジネスマンの悪循環

定時に出社し、遅れは残業でカバーする

↓

- 疲労がたまる夕方以降に長く働くため、効率が落ちる
- 通勤時間は混雑時なので有意義に使えない

早起きは苦手だから、残業続きで疲れているからといって早朝出勤をあきらめてはいないか。ビジネス書などにも早朝出勤のすすめは多く、たしかにメリットは多い。

始業前のオフィスは人も少ないうえに電話もかかってこないので、誰にも邪魔されずに仕事に専念できる。昼休みまでの時間が長いので、かなりの作業をこなせる。また、早朝の電車は空《す》いているので、座って書類を読むだけでなく、ノートパソコンでの作業もできる。

もちろん、夕方以降のほうが頭がさえるという夜型の人は、ムリして早朝出勤する必要はない。まずは自分が朝型か夜型かを見極めて、体のリズムに適したスタイルを採用するといい。

朝型ビジネスマンのメリット

定時よりも2、3時間早く出勤し、残業は極力しない

↓

集中力が高い

朝はホルモンの分泌が活発で、午前4時頃から分泌されたホルモンは、6～8時頃にピークをむかえる。もっとも分泌される時間帯は脳の働きも活発なので作業効率がいい。

午前中にまとまった時間がとれる

定時の9時に出社すると、脳が活発な午前中に3時間しかとれないが、7時に出社すれば午前中に5時間とることができる。

通勤時間を有意義に使える

ラッシュ前の早朝は、電車も座れるので、本を読んだりパソコン作業をしたりと通勤時間を自分の時間として使える。

朝型の人は、その日の退社時間を決めておくこと。夕方以降もダラダラと会社にいて長時間働いていては、かえって効率が悪いだけ。

28

通勤時間活用法

毎日の通勤時間をムダにしていないか？

30分早く起きて あえて各駅停車に乗る

急行で30分でも…

ラッシュ時は混んでいるので
読書さえままならない

➡ **30分のムダ時間**

通勤時間がもったいないと、混雑した急行で通勤するビジネスマンは多いのではないか。しかし、あえて各駅停車に乗ったほうが時間を有効に使える場合がある。

各駅停車のほうが時間はかかるが、座れる可能性は高いので、ちょっとした仕事くらいなら車内で片づけられる。たとえ座れなくても車内が空いていれば、本を読んだり、英会話の勉強もできる。

満員の電車内だと本を読むことさえ難しい、空いた電車内のひと仕事はちょうどいいウォーミングアップになる。余裕をもって出社し、さえた頭ですぐに仕事にとりかかれる。ほんの少し早起きしてでも、各駅停車に乗るメリットは十分にある。

45分かかっても各駅停車なら座れるので…

通勤時間に仕事や勉強ができる

➡ **45分を有効利用**

必ずしも勉強でなくても、好きな音楽をきいたり仮眠をとるなどリラックスタイムにあててもいい。通勤時間を活用しようと、ムリする必要はない。

通勤時間の上手な活用術

情報収集

中吊り広告で雑誌の見出しをチェックしたり、車内の人の会話などをきいて情報収集できる。

読書

30分あれば、かなりの量が読める。満員電車では文庫本を広げるのもはばかられるが、座席を確保すれば快適な読書時間をすごせる。

パソコン作業

座席が確保できればノートパソコンが広げられるので、書類作成やメールチェックなどの雑務を出社前に片づけられる。

語学の勉強

MDやテープで語学レッスンや資格試験の講義をきく。毎日の日課にすれば上達も早い。

29

アポとりのコツ①

相手の都合に合わせてアポをとっていないか?

こちらの希望日時を先に提案する

アポとりのいい例と悪い例

相手に合わせてしまうと、自分のスケジュールを変更しなくてはいけなくなる。

打ち合わせなどの日どりを決めるとき、いつも相手の都合を優先していないか。決して間違ってはいないのだが、これでは、つねに相手のスケジュールに合わせることになり、その度に自分の予定を調整しなくてはならない。

もちろん、得意先や目上の人に失礼があってはならないが、「明日の午後は、いかがでしょうか?」などと提案する格好にすれば、機嫌を損ねることはないし、やる気をアピールすることにもつながる。もし相手がその日はダメだと言ったら、そこではじめて都合のいい日を尋ねればいい。

このように、できるビジネスマンは、自ら主導権を握ってアポイントをとっている。

Good Case!

先におおよその時間帯を提示することで、自分の都合のいい日時に誘導する。

Yes

「それでは○日の16時にお伺いします」

アポイントを入れた日時を復唱し、スケジュールに書き込む

No

「ほかにご都合のよろしい日はございませんか？」

別の日時を尋ねる

POINT

◆アポイントをとるときのコツ

①訪問予定の1週間前には連絡する
②相手がつかまりやすい曜日、時間帯に電話する
③こちらの用件を最初に明確にする
④訪問前後のスケジュールとの兼ね合いをはかる
⑤アポイントを入れた日時を必ず復唱する

30

アポとりのコツ②

外出予定は固めて移動時間を短縮する

アポイントをバラバラにとっていないか？

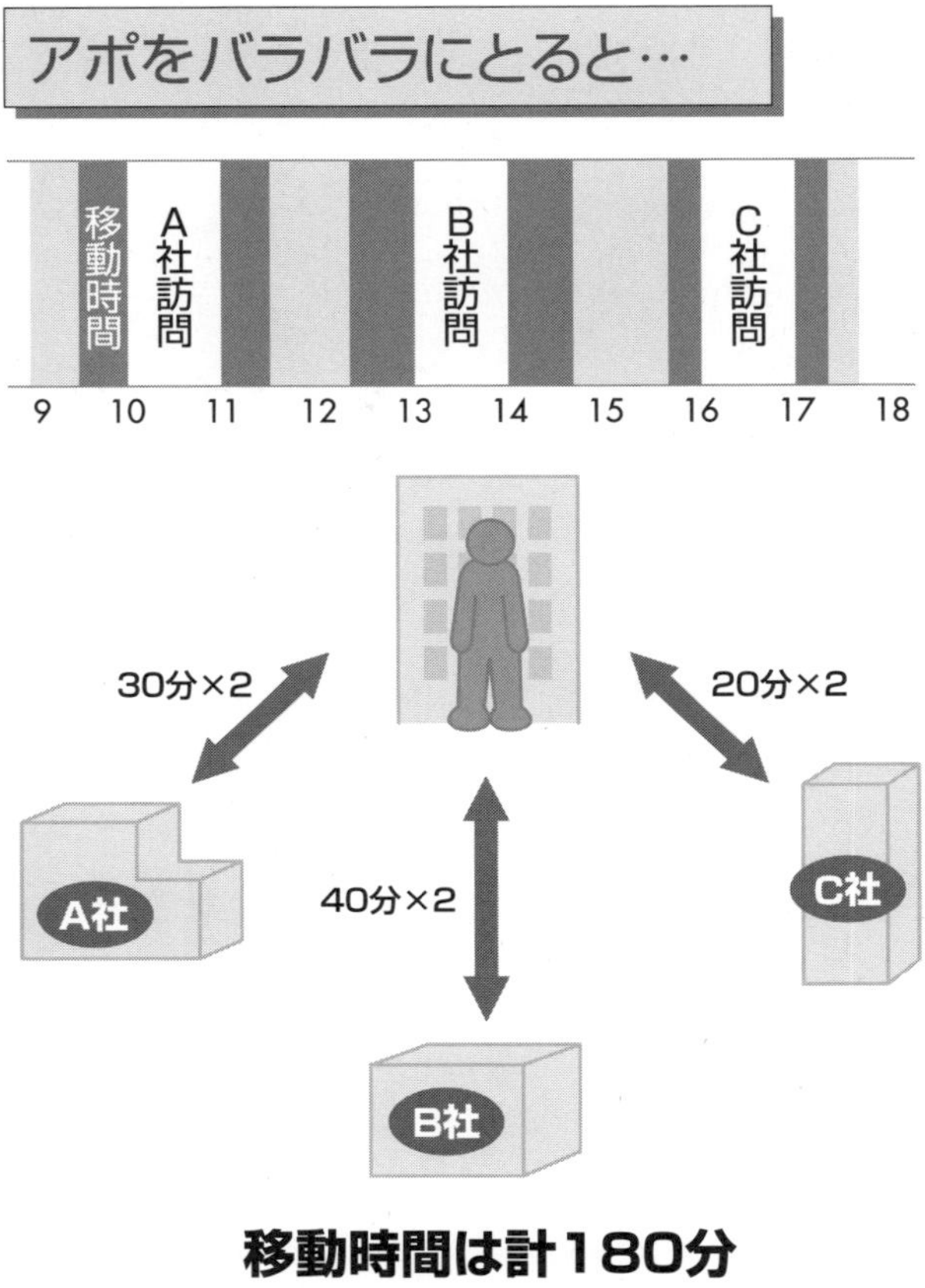

アポイントをスケジューリングするときにもコツがある。たとえば1日に3件の約束がある場合、これらを10時、13時、16時というようにバラバラに入れてしまうと、間に自分の仕事をこなさなければいけない格好になる。これでは自分の作業時間がとれない。さらに社外での面談の場合は、移動時間がとられる。こうなると、この日は仕事にならないだろう。

ところが、アポイントを午後に固めてしまえば、午前中をまるまる自分の作業時間にあてられる。しかも、いちいち会社に戻ってくるのではなく、訪問先をはしごすれば、移動時間の大幅な短縮になる。アポとりでのちょっとした工夫が、時間を生むのである。

アポを午後に固めてとれば…

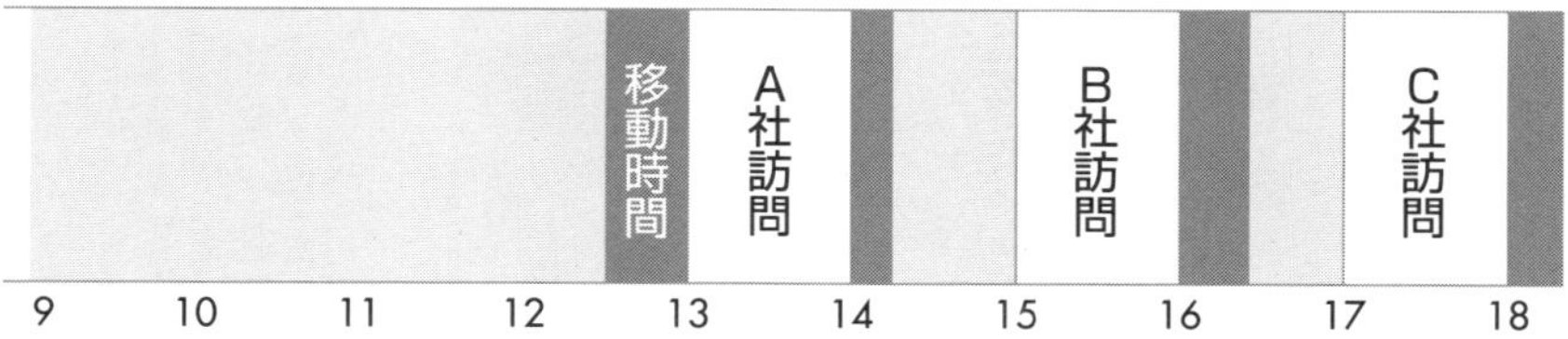

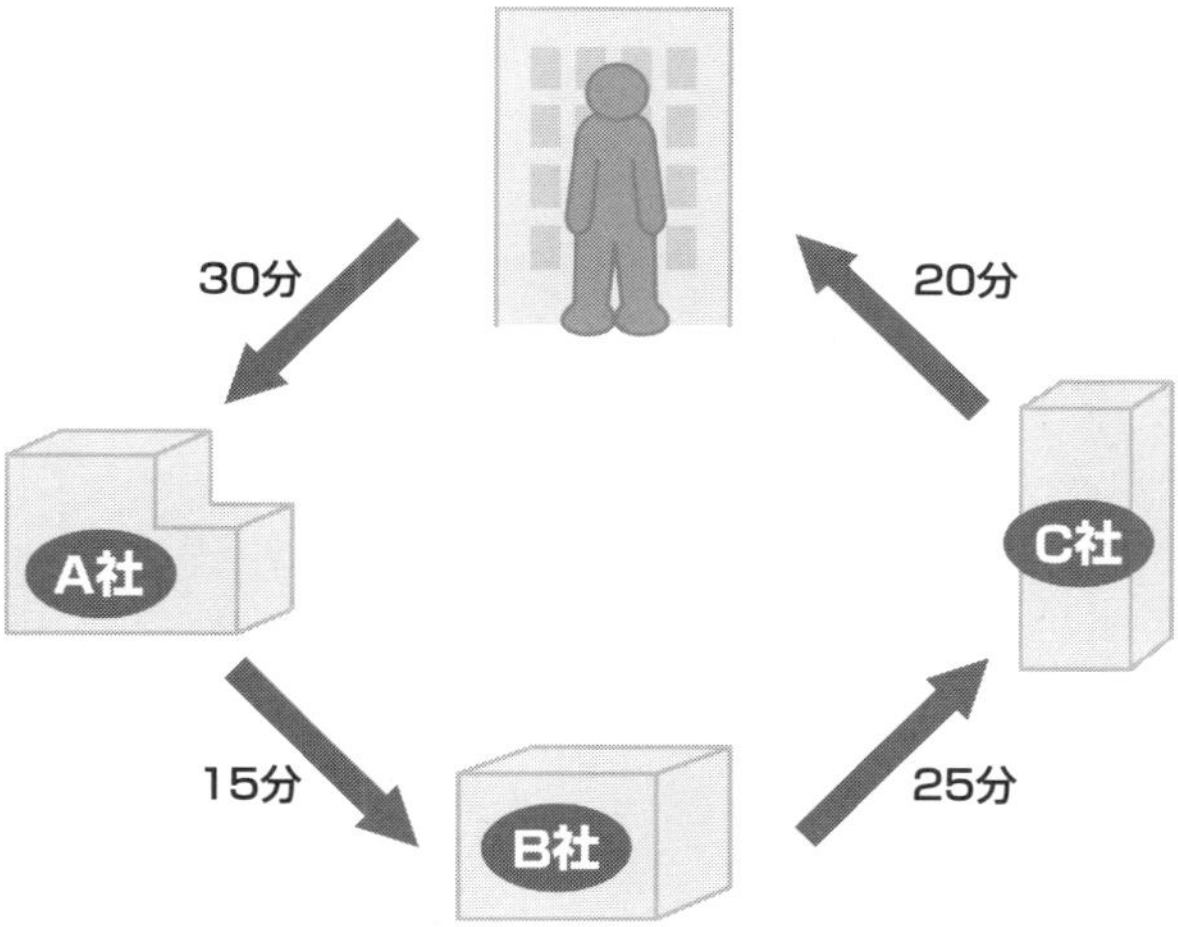

移動時間を90分に短縮できる!

31

最速交渉術①

相手の警戒心を解けば話は早い

はじめての交渉で、いつもつまずいていないか？

相手が警戒している状態では…

ボクシング同様、力ずくで攻めても
相手のガードはゆるまない

➡ 相手の警戒心を解くことが先決

商談の場での交渉ごとは、なかなか思うようには運ばない。とくに、はじめての相手ともなれば相手は警戒しているので、交渉が成立するまでに時間を要する。こんなとき、相手の警戒心を解くテクニックを紹介しよう。

まず、話すときは低くて落ち着いた声で話すようにするといい。ある心理実験でも、人は高い声よりも低い声に信頼感を抱くという結果が出ている。そして、こちらが低い落ち着いた声で話すと相手も引きずられて落ち着くという効果もあるので、感情的なときこそ低い声で話すよう心がける。

ほかにも、相手との心理的距離を縮めるテクニックを左に紹介したので、試していただきたい。

心理的距離を縮める交渉テクニック

落ち着いた低い声で話す

もっとも説得力のある声は「低い声」である。交渉では、低くてよく響く声で話すと相手に信頼感を与える。

共通の敵をつくる

「打倒A社」というように、共通の敵や目標を設定することで連帯感が生まれ心理的距離が縮まる。

私どもも御社同様最大手のソラーを抜いて、業界NO・1の座を狙っています
そこでぜひ黒木さんのお知恵をお借りしたいというわけです

相談をもちかける

強気な相手には強引に説得するよりも、へりくだって相談をもちかける格好にすると、相手は自分が信頼されていると快く思う。

会話に相手の名前を入れる

プライドの高い人ほど自分の名前には誇りをもっている。よって、名前を呼ばれると自尊心がくすぐられ、気を許すようになる。

32

最速交渉術②

会話が弾めば交渉はスムーズに運ぶ

雑談は時間のムダだと思っていないか？

Bad Case! 話が広がらない会話

ご趣味は競馬なんですか？
ええ、そうなんです
最近は若い女性も多いんですよね？
そうみたいですね

「はい」「いいえ」で答える質問は「クローズ・クエスチョン」といって返事が短くなるので、会話が弾みにくい

タイムロスを嫌うあまり、同僚との私語だけでなく、商談での雑談まで省いていないだろうか。じつは、雑談には人の心を開かせる効果がある。用件のみの会話は事務的な印象を与えるので、なかなか信頼関係に結びつかないが、たとえ世間話でも、雑談をするだけで心理的距離はぐっと縮まるのだ。

その際に、こちらから一方的に話しかけたり、相手が「はい」「いいえ」だけであっさり答えられる質問をしても、会話はふくらまない。

相手から具体的な話を引き出すオープン・クエスチョンを使うと、相手はさまざまな回答をするので、そこから会話が広がっていき、より深い関係を築くきっかけとなる。

Good Case! 話が弾む会話術

ご趣味は
何ですか?
じつは競馬を
やってるんです
じゃあ、毎週
日曜が待ち遠し
いんじゃない
ですか?
いや〜、もう
土曜から新聞と
にらめっこ
ですよ

「オープン・クエスチョン」では
相手が返事の内容を自由に選べるので、
話が広がりやすい

休日は何を
しているの?

会話を弾ませることの重要性は、女性を口説くときも例外ではない。

33
最速交渉術③

商談がいつもムダに長くないか？
さりげないしぐさで切り上げどきをアピール

商談相手が話し好きだと…

いや～、先日も
千葉にいったんだけど
雨が降ってきて
大変だったんだ。
ぜんぜんかからな
かったんだけど、
最後の最後で
80センチのマダイが
釣れたんだよ
まいったなぁ
1時間以上
この調子だよ…

➡ 用件のあとも話が終わらず、予定時間をオーバーしがち

商談相手がおしゃべりで、やたらと話が長くなり、なかなか切り上げられないことがある。次を急いでいるときなどは、それとなしに切り上げどきをアピールするといい。

たとえば、机の上の資料や筆記用具を片づけはじめる。露骨にやっては相手を不愉快にさせるので、あくまでさり気なくおこなう。また、トイレを借りるのもいい方法である。席を離れている間に、相手も「おっ、こんな時間か」と我に返ることが多い。いったん話が途切れるので、戻ったときに「では」「そろそろ」と言いやすくなる。

それでも話が終わらない場合は、時計をちらりと見るという奥の手を使えば、察してもらえるだろう。

相手に話を切り上げさせるテクニック

資料をしまう

書類を整えたり、手帳を閉じはじめる。とくに複数の人間でやると効果大。ミーティングや面談などにも使いやすい。

まとめの言葉を口にする

「さて」「それでは」といったまとめの言葉を口にする。訪問側の場合は「わざわざありがとうございました」とお礼を述べるのも有効。

トイレに行く

トイレや携帯電話が鳴ったのを口実にして中座し、戻ってきたときに終了を切り出す。いったん会話が途切れるので終了の雰囲気になる。

時計を見る

相手が鈍感な場合は、腕時計やかけ時計を何度も見る。相手が察知したら「大丈夫です」と言いつつ困った顔をすればダメ押しになる。

すいません
ちょっとトイレをお借りしてもよろしいですか？

34

連絡、報告のコツ

どんな話も3分以内でまとめる

あなたの話はムダに長くないか？

なぜ話が長くなるのか？

❶ 起
得意先のA社から
大型プロジェクトを
委託されました。
❷ 承
そこで、個々の業務は
下請けのB社に
発注しました。
❸ 転
ところが、先週B社に
トラブルがあり、
現在すべての作業が
とまっています。
❹ 結
なので、下請けをこのまま
B社にやってもらうか、
それとも別会社にふるかを、
決めなければならないのです。

「起承転結」の順に話すと、結論が最後になる

↓

相手が話を理解するのに時間がかかる

話を3分でまとめるポイント

❶ まず結論を言う

経緯の説明が長いと結論に至るまでに時間がかかるので、まず結論を述べて、それから理由や経緯を話すこと。

❷ 要点を挙げる

次に、ポイントとなる要点を挙げる。この際、「問題は3点あります、1つめは～」というようにすると、相手が理解しやすい。

❸ 各論を述べる

相手がポイントを理解したうえで、個別の各論や具体的な内容を話すようにすると、ムダな説明をしなくてすむ。

結論を最初に伝えることで、相手は話の概要がつかめる

↓

ムダな説明が省けるので、話は短くてすむ

報告や連絡など、ビジネスシーンでの話は簡潔明瞭にしたい。複雑な内容でも、3分以内でまとめるつもりで効率よく話す。

一般的に、話は「起承転結」の順にするのがいいと言われている。しかし、これでは肝心の結論にたどりつくまでに時間がかかる。

それよりも、まず最初に結論を述べると、相手のもっとも知りたい内容がずばり伝わる。それから、必要に応じてなぜそうなったかという原因や経緯などの各論を説明していく。起こったことを時系列のまま伝えてはいけない。

結論を先にすると、聞き手は「なぜそうなったのか」と関心をもち、身を入れて耳を傾けようとするという効果もある。

35

会議のコスト

ダラダラ会議は給料泥棒を生む

2時間の会議のコストを知っているか？

会議が多い、会議が長いという声はよくきかれる。しかし、ムダな会議が浪費するのは、貴重な時間ばかりでない。

会議にかかるコスト、なかでも人件費は膨大である。たとえば、年収５００万円の社員が10人出席して、２時間の会議をした際のコストは、およそ10万円になる。当然、出席者の人数が増えたり、所要時間が長くなればなるほどコストは増す。しかも、会議に出ている間、ほかの仕事はストップしているのである。おそらく、この事実を理解せずに参加している人も多いのではないか。

もちろん、すべての会議がムダなわけではないが、会議をいかに効率的におこなうかは、じつは思っている以上に重要なのだ。

したがって、この会議は開く必要があるのか、書類やメールですむ内容ではないか、といった見直しを検討する価値は十分にある。

出席者全員が、ムダな会議は時間浪費の最たるものだと自覚して参加すれば、より有意義な会議になるはずだ。

会議は長くなればなるほど非生産的になるだけでなく、コストが増す

郵　便　は　が　き

お手数ですが、
50円切手を
おはりください。

151-0051

東京都渋谷区千駄ヶ谷 4 -9 -7

(株) 幻 冬 舎

「知識ゼロからの時間活用術」係行

ご住所　〒□□□-□□□□ Tel.(　　-　　-　　) Fax.(　　-　　-　　)		
お名前	ご職業	男
	生年月日　　年　月　日	女
eメールアドレス：		
購読している新聞	購読している雑誌	お好きな作家

◎本書をお買い上げいただき、誠にありがとうございました。
質問にお答えいただけたら幸いです。

◆「知識ゼロからの時間活用術」をお求めになった動機は？
① 書店で見て ② 新聞で見て ③ 雑誌で見て
④ 案内書を見て ⑤ 知人にすすめられて
⑥ プレゼントされて ⑦ その他（　　　　　　　　　　　　）

◆本書のご感想をお書きください。

今後、弊社のご案内をお送りしてもよろしいですか。

（ はい ・ いいえ ）

ご記入いただきました個人情報については、許可なく他の目的で使用することはありません。

ご協力ありがとうございました。

年収500万円の社員10人が2時間会議をした場合

話が脱線している間もコストはかかっている

年収500万円 ÷ 2000(h) = 時給2500円
年間労働時間

これに福利厚生、交通費、退職金などを加えると

2500(円) × 2 = 時給5000円（支給額を手どりの2倍で計算）

したがって、社員10人が2時間費やすと

5000(円) × 10(人) × 2(h) = 10万円

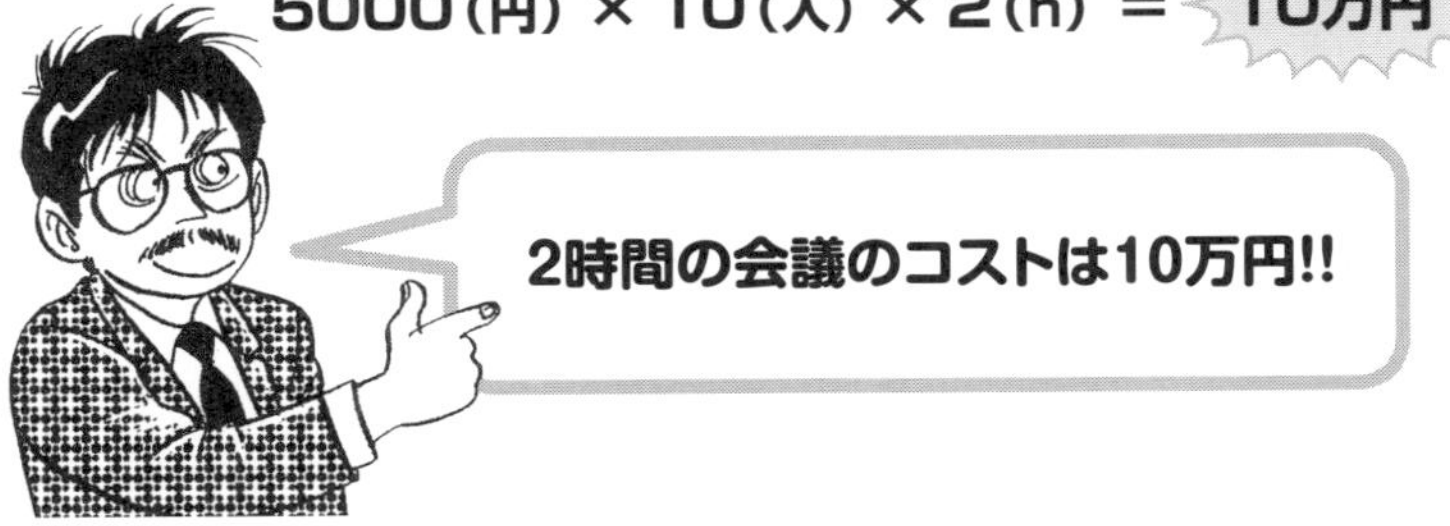

36

会議の効率化

なぜ会議はいつもムダに長いのか?

あらかじめ終了時間を決めておく

会議の効率化をいくら口で言ったところで、すぐに改善するのは容易ではない。そこで、具体的な短縮策をいくつか挙げる。

まず、開始時間に全員が集まらなくても待ったりせず、さっさと会議をはじめる。「この会議は遅れてもいいんだな」と思われると、出席者は平気で遅刻するようになるからだ。

また、会議の冒頭で終了時間をあらかじめ宣言しておく。すると参加者に時間内に終わらせようとする意識が芽生えるため、ムダな議論が減る。たとえ結論が出なかったとしても、終了時間は厳守するといい。

実際にいくつかの企業ではユニークな方法を採用している。ある企業では、わざと椅子をなくして立席で会議を開いている。出席者は全員立ちっぱなしなので、長時間にならないように意識する。

また、あえて早朝や土曜日に開催している会社もある。勤務時間外にわざわざ集まって開くため、さすがにダラダラすることなく、緊張感のある内容となる。

こんな会議が時間を短縮する

立席会議にする

いくつかの企業では、立席用テーブルを用意し、全員立ったままで会議をおこなっている。参加者は立ちっぱなしなので緊張感があり効率がいい。

土曜日に開く

あえて休日に会議を開くことで、参加者はできるだけ短時間で終わるように努力するので、ダラダラ会議を防ぐ。

レンタルスペースを借りる

社内の会議室ではなく、わざわざレンタルスペースを借りて会議をおこなうと、コストがかかっているという意識が生まれるうえに、時間が限られているので延長もできない。

本日の議題は
来年発売予定の我が社の
新製品についてです
そもそもこの商品は…

37

会議前のダンドリ

事前の準備が不十分でないか?
議題は会議前にメールしておく

Bad Case!

会議がはじまってから議題を説明するのは時間のロス

事前準備をしておく

● 議題は事前に通知する
➡ 出席者に前もって自分の意見を用意させる

● 資料も事前に配布する
➡ 会議中に資料を読んだり、説明する時間を省く

会議がはじまってから、その日の議題の説明をし、資料を解説するのは非効率的である。

議題や討議する内容、資料は、会議開催の知らせと一緒にあらかじめ出席者全員に配布しておくようにする。そうすれば、議題の説明や資料の解説の時間がまるまる短縮できる。

また、発言してもらいたい出席者がいたり、事前に準備してきてもらいたいものがあるときは、開催の知らせに明記しておきたい。こうしておけば、出席者は会議前に内容に目を通し、必要な準備をしてくる。開催の知らせは文書で配布してもいいが、資料の量が多いときは、一度に大勢に送れるメールが便利である。

会議の通知はメールが便利!

件名は会議の種類がわかるように書く

議題、討議項目を必ず明記する

開始時刻だけでなく、終了時刻も明記する

資料も事前に配布して、目を通してもらう

出席者に事前に準備してもらいたい資料の依頼などをコメントする

送信者:abc@adc.co.jp
宛先:xyz@xyz.co.jp
CC:
BCC
件名　営業会議開催のお知らせ

添付ファイル　2007年上半期売上.xls(40kb)
2007年下半期売上目標.xls(50kb)
新製品の企画書.pdf(30kb)

次回の営業会議を下記のとおり開催しますので、
ご出席よろしくお願いいたします。

■議題
1. 2007年上半期の売上分析
2. 2007年下半期の売上目標
3. 新製品の販売戦略について

■日時
平成19年○月×日(金)
14:00〜16:00

■場所
本社第一会議室

■添付資料
・2007年上半期売上
・2007年下半期売上目標
・新製品の企画書

■備考
会議を円滑に進めるため、添付資料にお目通しのうえ、
それに対する意見をご準備下さい。

以上
担当:営業第一課　○○○○(内線2469)

38

根回し

事前の根回しが説得の手間を省く

根回しを姑息な手段だと思っていないか?

根回しという言葉には、何やらネガティブなイメージがあるが、会議や話し合いをスムーズに進めるためには欠かせないビジネステクニックである。

重要なのは、誰に根回しをするかである。内容やメンバーによってケースバイケースだが、ワンマン企業なら、当然、社長が決定権を握っているだろうし、実権を握っているナンバー2がキーパーソンだったり、最も人数の多い中立派が鍵になったりもする。反対派を味方につけるのが根回しだと思っている人がいるが、これはハードルが高く、かなりの実力がないと現実的には難しい。

さらに重要なのが口説き方だ。露骨に自分の意見を支持してほしいと頼むのは、下手なやり方である。「ご意見をうかがいたい」「こんな企画はどうでしょう?」などと、ワンクッション置いた提案型にしてみると、相手の賛同を得やすい。あまり深刻にならないよう、お茶や食事に誘うなどして、気軽な雰囲気のときに話をもち出すといい。

1 誰に根回しするか?

社長

社長がすべて判断、決定するワンマン社長なら、当然、本人に直接働きかけるのがいちばん早い。

キーパーソン

決定権を持つ人がまわりの意見をきくタイプなら、決定者の判断に影響を与える人に根回ししたほうが効果的。

中立派

反対派を説得するよりも、先に賛成派や中立派を確実に味方につけるようにする。

❷ どのように根回しするか?

Bad Case!

次の会議で私の意見を通してもらえないでしょうか

露骨な懇願はあまりいい印象を与えず、警戒されやすい。

Good Case!

次の会議のことで、ご意見をうかがいたいのですが……

相談をもちかける格好にしたほうが、相手は好意的になる。さらに、助言がもらえれば、その案に加担した気持ちが相手に生まれ、賛成を得やすい。

❸ どのタイミングで切り出すか?

昼食や夕食に誘って切り出すと、相手も警戒心がゆるんでいるので賛同を得やすい。
あらたまって話をもちかけるより、リラックスしたときのほうが好ましい。

部長、じつは今度のプロジェクトで考えていることがあるんです

39

散歩の効果

"あえて散歩"が創造的なアイデアを生む

机の前で延々と考え込んでいないか？

アイデア出しに難航すると…

しだいに集中力が散漫になり仕事の能率は落ちる。
こんなときは体を動かして気分転換するといい。

いくら考えてもいい案が浮かばない、そんなときは席を立ち、散歩してみよう。古くから学者や芸術家たちは、散歩しながら思索を練ってきた。歩き回ることは、気分転換や疲労回復になるだけではない。新鮮な空気を吸うことで五感が刺激され、脳を覚醒化する効果もあるのだ。

大脳を活性化させるのは、持続力に優れた"遅筋"とよばれる筋肉だとされている。散歩は遅筋を刺激するので、より集中力を高めることができるのである。

疲れない程度の速歩きでリズミカルに歩くと、いっそう効果的である。忙しいときだからこそ、リフレッシュするために、あえて時間を贅沢に使うのである。

散歩の効用

時間がないという人でも、散歩ならちょっとしたすきま時間にできる。デスクワークが中心のビジネスマンなら、運動不足解消にもなる。

❶ 心身ともにリフレッシュ

ブラブラと何も考えずに外の空気を吸っていることで心身が癒されるうえに、血行がよくなり免疫力が高まる。

❷ 五感が刺激される

ぼうっと歩いていても、新鮮な驚きやふとした発見があり、視覚や嗅覚、聴覚、触覚など五感が刺激される。

❸ 歩くことで脳を活性化

歩くと脳への血流量や酸素の供給が増えるため脳が活性化され、ひらめきや集中力を生む。

POINT

◆脳を活性化する散歩のコツ

- 少し速いスピードで歩くと、頭がさえる
- カメラを持って散歩に出ると、より好奇心が触発される
- すきま時間の10分程度でも効果はある

40

仮眠のススメ

会社での昼寝をためらっていないか？
眠気と1時間戦うなら思い切って昼寝する

14〜16時頃は睡魔が襲う

昼食後の14〜16時頃になると眠くなるもの。これは生体リズムによるものとされているため、昼食を抜いても、前の晩に十分な睡眠をとっていても眠気は襲ってくる。

昼食後の14時前後は睡魔と戦う魔の時間帯だというビジネスマンも多いだろう。人間の生体リズムからいっても、この時間は眠くなるのが当たり前。必死にこらえながら仕事をしても、能率は落ち、ミスの原因となる。そんなときは思い切って昼寝をするといい。

科学的にも昼寝の効能は認められている。眠気を我慢した人よりも短時間睡眠をとった人のほうが作業効率が上がったという実験結果もある。椅子に腰かけ数分間目をつむるだけでもすっきりする。ほかにも、最近増えてきた仮眠スポットを利用してみるのもいい。

ただし、昼寝は30分以内に。これ以上眠ると、目覚めた後も頭がぼうっとして逆効果になる。

快適昼寝タイムの過ごし方

社内なら

外出できない人は、オフィス内で仮眠をとる方法を工夫する。たとえば、背もたれのあるイスに浅く腰かけ、10分ほど目を閉じるだけでも効果がある。

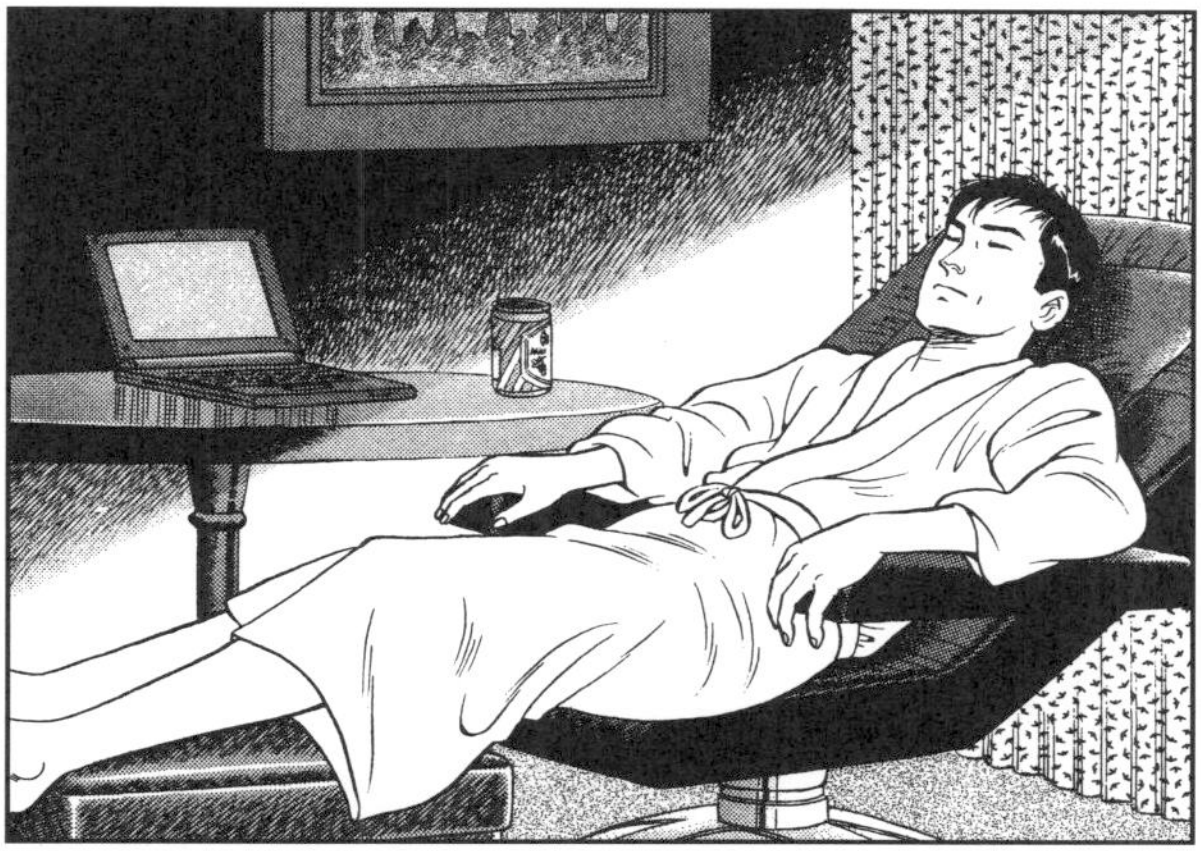

外出可能なら

最近、ビジネス街に増えつつある昼寝サロンを利用するのも手である。そのほか、マンガ喫茶やカラオケボックスで仮眠をとるという手もある。

POINT

◆昼寝の前にコーヒーを

寝る前にコーヒーというと意外に思われるかもしれないが、コーヒーに含まれるカフェインの覚醒作用が効いてくるのは飲んでから約30分後。よって、昼寝前に飲んでおくと寝覚めがすっきりする。

現代人の時間の使い方④

適正な睡眠時間はどれくらい?

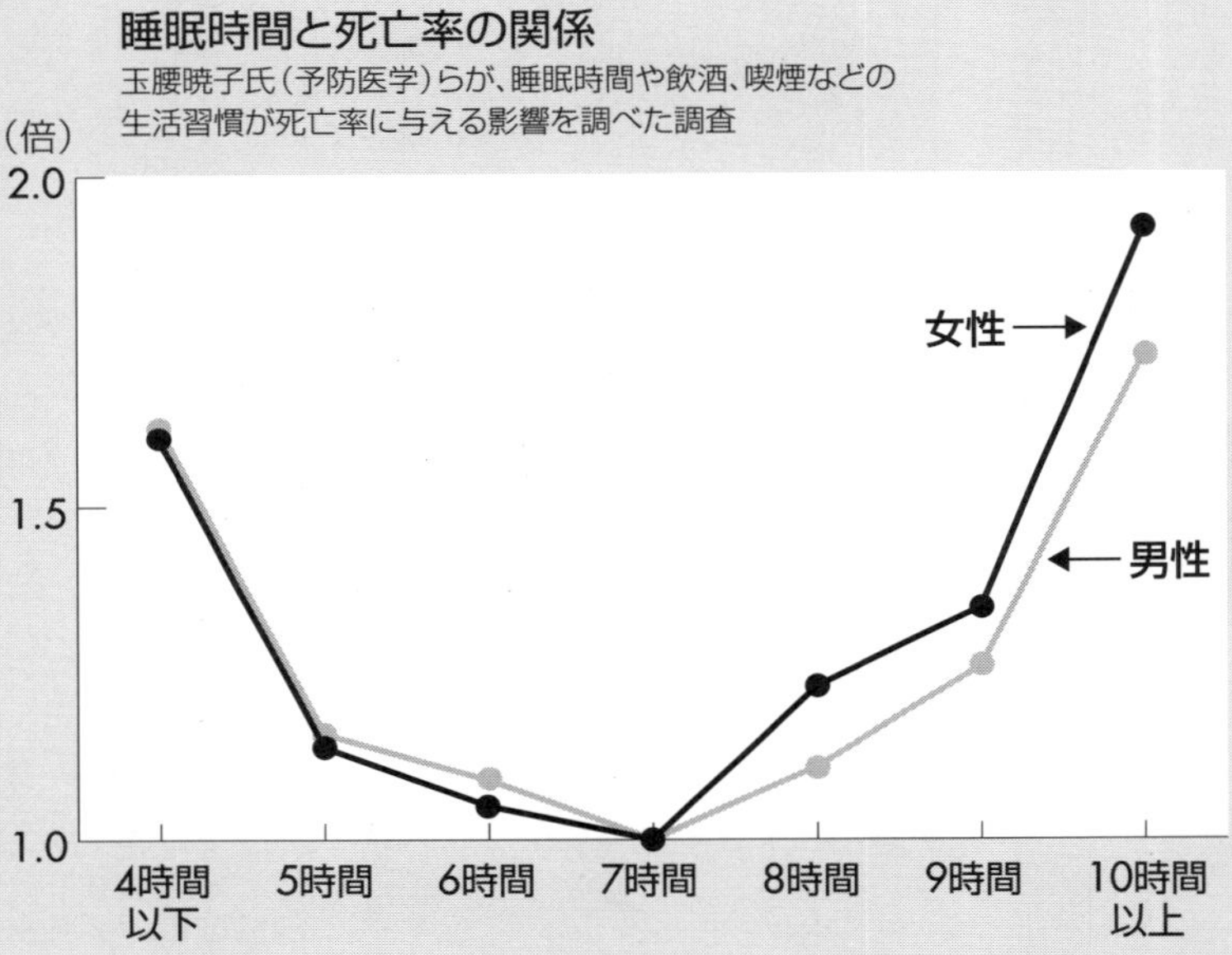

7時間睡眠が長生きの秘訣!?

日本のビジネスマンの平均睡眠時間は5.9時間だそうだが、では最適の睡眠時間はどれくらいなのか。

上の調査によると、7時間睡眠の人が死亡率がもっとも低いという結果が出た。7時間睡眠の人に比べると、4時間以下の人は男性で1.62倍、女性で1.60倍死亡率が上がった。しかし、長時間睡眠でも10時間以上では男性で1.73倍、女性で1.92倍となった。

ただし、原因はまだ不明で、適正な睡眠時間には個人差もあるので、一概には言えないようだ。

第4章 ビジネスツールの活用が時間を生む

自分に最適の手帳をもっている……P.118
手帳の使い方にムダがない……P.120
いつでもどこでも、その場ですぐにメモをとる……P.122
ふせんを使いこなしている……P.124
ショートカットキーを使いこなしている……P.126
ネット検索に時間をかけない……P.128
ITツールをフル活用している……P.130
直筆手紙を書く手間を惜しまない……P.132
探しものこそ時間のムダだと心得ている……P.134

タイムマネジメントの掟 4

現代のビジネスマンに、パソコンや携帯電話は欠かせないだろう。ふだん何気なく使っているビジネスツールだが、使い方しだいで時間を生みも奪いもする。本章では、ITツールから手帳やふせんまで、ビジネスツールの活用術を紹介する。

▶時間の使い方のうまい人は、

目的に応じてビジネスツールを使い分ける …………P.106

メール処理に時間をかけない …………P.108

外出先でもメールチェックを怠らない …………P.110

1本の電話は3分以内ですます …………P.112

書類作成は以前のフォーマットを流用する …………P.114

同じ書類を2度読んだりしない …………P.116

41 ビジネスツール

いつも連絡をメールですませていないか？

ビジネスツールは目的に応じて使い分ける

いつでも素早く送受信できるメールは、いまやビジネスツールとして欠かせない。おまけに、相手の顔を見ずにすむという手軽さもある。しかし、メールのデメリットを自覚していない人も多い。

メールは相手がいつ読むかわからないうえに、細かいニュアンスは伝わりにくい。電話したほうがいいような重要で複雑な用件までメールですませてしまうと、行き違いやトラブルのもととなる。

とくに、謝罪やこみ入った話などは面談のほうが効果的だし、礼状などは手紙のほうが圧倒的に相手に与える印象はいい。ＦＡＸや電話のほうが適している場合もあるので、状況に応じて使い分けることがムダを防ぐ。

連絡手段のメリット・デメリット

	メリット	デメリット
メール	●いつでも送ったり、受けとることができる ●データを瞬時に送れる ●同じ情報を複数の人にいっせいに送れる	●微妙なニュアンスが伝わりにくい ●相手がすぐに見ないかもしれないリスクがある
FAX	●地図やイラストなどのビジュアル情報をそのまま送れる	●細かい字などはつぶれてしまう
電話	●つながれば確実に用件を伝えられる ●微妙なニュアンスを伝えられる	●伝達内容が残らない ●つながらない場合は何度もかけなければならない
手紙	●気持ちがよく伝わる	●届くまでに時間がかかる ●投函しに行かなければならない
面談	●相手の反応が直接見られる	●時間がかかる

目的によって最適ツールはちがう

	利便性	気持ち	適した用途
	高	弱	
	↓	↓	
	低	強	

● **メール**

早く簡単に連絡したいとき。複数の人に事務的な連絡をしたいとき。

● **FAX**

地図やイラストなどのビジュアル情報を早く伝えたいとき。

● **電話**

相手とすぐに意見交換や議論をしたいとき、肉声で気持ちを伝えたいとき。

● **手紙**

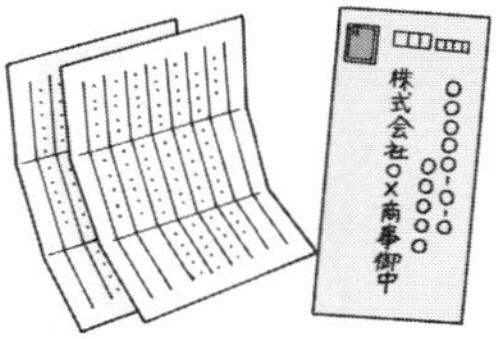

礼儀をもって気持ちを伝えたいときや、贈り物などを同封するとき。

● **面談**

相手ときちんと意思疎通がしたいときや、親交を深めたいとき。

42

メール処理①

メール処理に時間を奪われていないか？

メールチェックする時間帯を決めておく

届いたメールを、開いて読んで返事を書いて……。あなたは毎日、メール処理にどれくらいの時間をかけているだろうか。

たとえば、1件の返事に5分かかるとして、10件返信をすれば50分費やしていることになる。しかも、メール処理のために、作業中の仕事を中断しているとしたら効率的とはいえない。

受信メールのうち、すぐに返事を要するメールは、じつはそう多くはない。まずは、一日のうちでメールチェックする時間帯を、朝一番、午後一番、退社前といった具合に決めるといい。

チェックするときは、すぐに返事を要するものにはその場で返事をし、急ぎでないものは保留にしてすきま時間に処理し、不要なものは2度見なくてすむように即削除する。これでメールにかける時間がぐっと少なくなるし、それ以外の仕事にも集中できる。

緊急なメールが入ったらどうしようと不安なら、取引先に「急ぎの件があったら、お電話をください」と頼んでおけばいい。

受け取ったメールの処理法

重要なメールは読んだらその場で返信する。あとでやろうと放っておくと相手を待たせてしまう。

急ぎの用件でなければ、その都度返信せずに、時間帯を決めてまとめて返信する。

保存する必要のないメールや広告メールなど、必要のないメールは見たらすぐに削除する。

パソコンのない環境でも転送で素早くメール処理

外出先でのメールチェックをあきらめていないか?

外出の多い営業職の人などは、日中に社内のパソコンでメールチェックをする機会は少ないだろう。そんな人は、パソコンに届いたメールを携帯でも処理できるようにしておくといい。こうすれば、電車の待ち時間などのすきま時間に、素早く対応できる。

会社に届いたメールを、外出前に自分の携帯に転送しておく方法もあるが、これだと外出中に届いたメールを確認できない。そこで便利なのがプロバイダーの転送サービスである。これなら、外出中に届いたメールも受けとることができる。転送を設定できるメールソフトもあるが、この方法だと、つねにパソコンとメールソフトが起動していなくてはならない。

ただし、携帯で受信できる文字数は、パソコンよりも少ないので、分割して受け取れる設定にしておく。また、特定のメールだけを転送するサービスもある。外出先ですべてのメールを読むのがめんどうだったら、大事な取引先のアドレスを登録しておけば、そこからのメールだけを転送できる。

メールを転送しておけば、いつでもどこでもメールを処理できる

携帯電話にメールを転送する方法

❶ 外出前にメールを携帯電話に転送

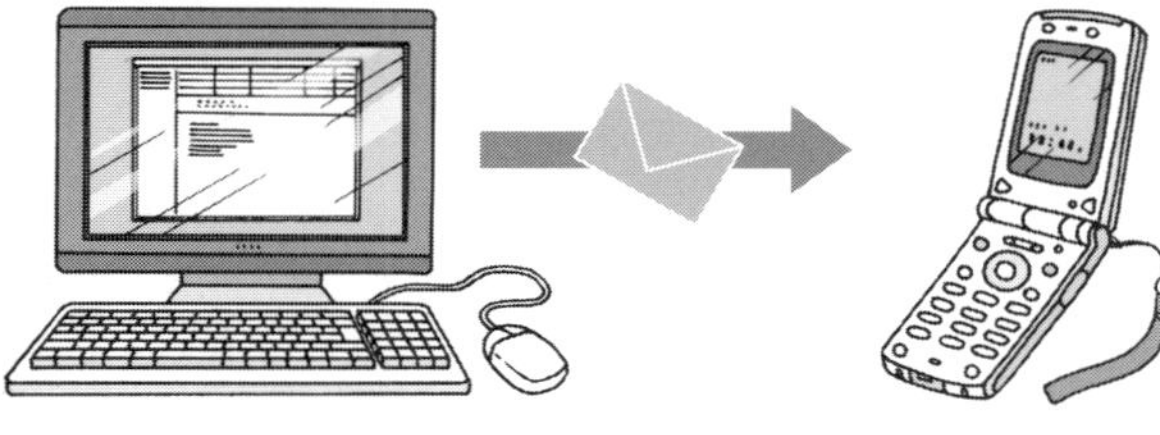

会社のパソコンに届いたメールをチェックする時間がないときは、外出前に携帯電話に転送しておき、外出先で確認、返信する。

❷ プロバイダーのメール転送サービスを利用

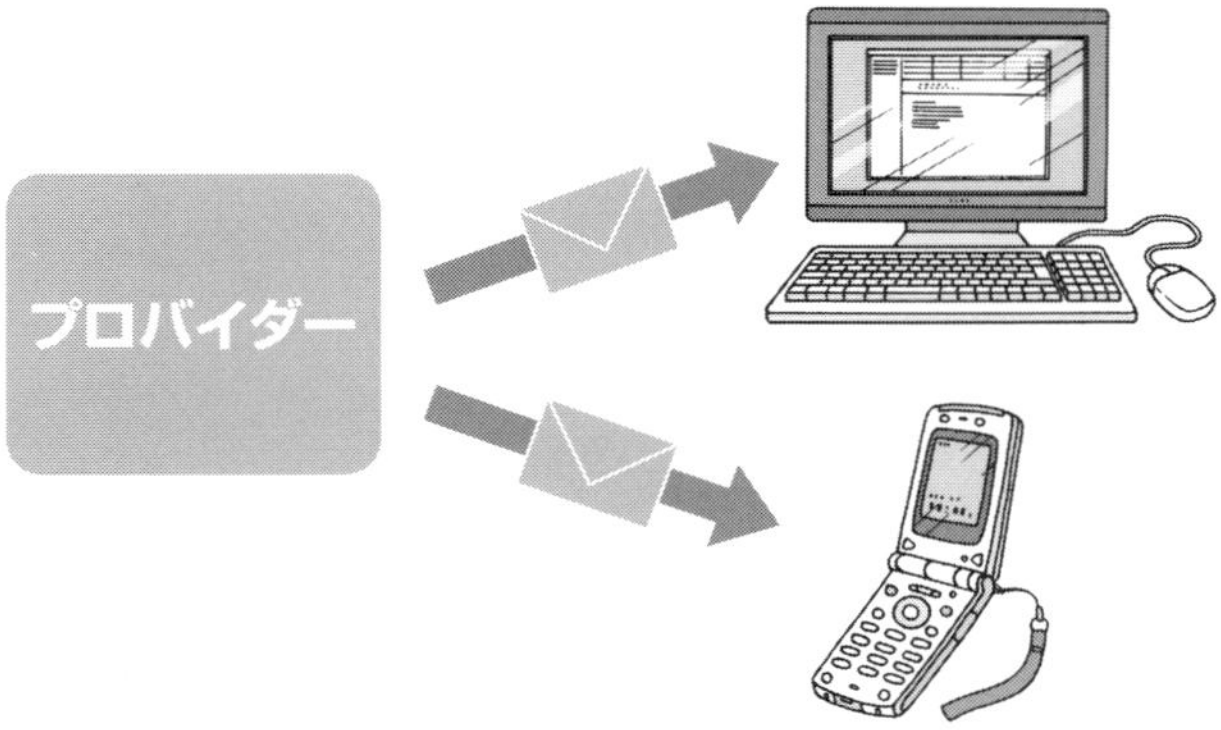

プロバイダーに申し込みをしておけば、会社のパソコンに送られてきたメールが携帯電話にも転送される。

❸ メールソフトで転送を設定

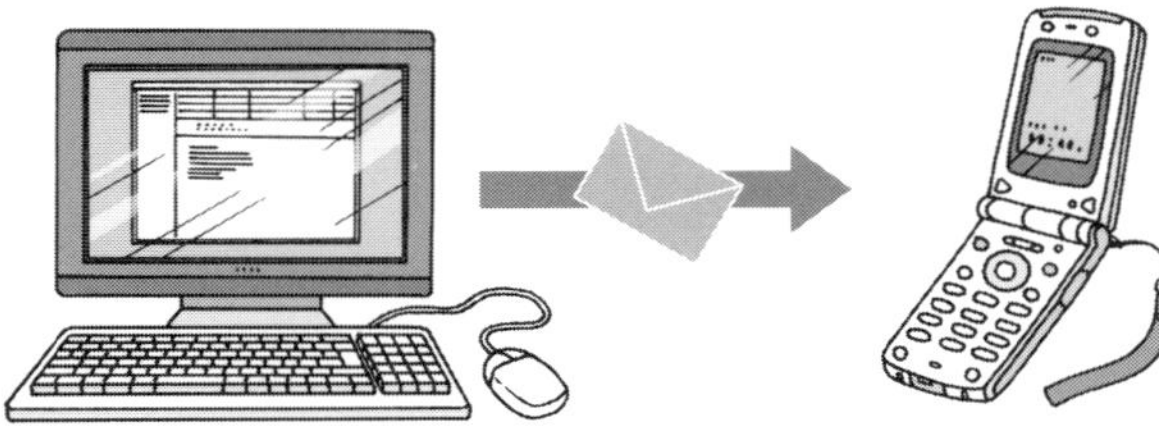

会社のパソコンのメールソフトで転送の設定をしておく。ただし、パソコンとメールソフトを起動させたままにしておかなければならない。

44

最速電話術

電話がダラダラと長くないか?
先に用件を書き出しておき3分以内にすます

要領の悪い電話とは?

かけながら資料を探したり、電話を切ったあとに言い忘れに気がつき、再びかけ直す

かける前に用件を整理する

- 伝えるだけでいいか?
- 返事が必要か?

1分ですむ内容の電話なのに、要領の悪い話し方をしていると、あれよあれよと長電話になってしまう。これは、自分の時間をムダにするばかりでなく、相手の時間まで奪うことになる。

1回の電話は原則として3分以内で終わらせるようにする。そのためには、かける前に用件を書き出すようにするといい。書き出すことにより、話す内容を整理できるので、用件を簡潔にまとめられる。さらに、言い忘れてもう一度かけ直すような二度手間を防ぐ効果もある。

また、電話番号や待ち合わせ場所といった情報を聞き漏らさないように、手元には必ず筆記用具とメモ用紙を用意する。

効率のいい電話のかけ方

まず結論を言う

経緯の説明が長いと結論に至るまでに時間がかかるので、まず結論を述べて、それから理由や経緯を話すこと。

用件をまとめておく

かける前に伝達事項を書き出しておくことで、言い忘れを防ぐ。また、必要な資料も手元に用意しておく。

通話は3分以内に

自分からかけた電話も、かかってきた電話も3分間で終わるように、必要な情報を整理して要領よく伝える。

書類作成に時間をかけすぎていないか？

毎回つくるのではなく前回のテキストを流用する

作成頻度の高い文書は保存しておく

No.03952
平成19年3月5日

株式会社井筒プロ 御中

株式会社初芝電産
総合宣伝課 課長
○○○○

お見積もりのお願い

拝啓　時下ますますご清祥のこととお喜び申し上げます。

　さて、先日お電話で申し上げました「△△△発売30周年記念キャンペーン」ですが、下記の通り計画いたしました。つきましては、見積書の作成をお願いしたいと存じますので、ご高配のほどお願い申し上げます。

　なお、キャンペーンの期日が迫っております。ご多用中恐縮ではありますが、概算で結構ですので、4月1日までにご送付いただけるとありがたく存じます。

　何卒、宜しくお願い申し上げます。

敬具

記
1.キャンペーン名称：「△△△発売30周年記念キャンペーン」
2.キャンペーン期間：4月28日（土）～5月6日（日）
3.委託希望業務：1キャンペーンキャラクターの作成
2キャラクターを使用した販促グッズの作製
・ポスター　500枚
・マウスパッド　200枚
・キーホルダー　300個
（キャンペーン開始の4月28日までに、ご準備をお願いいたします）

以上

　書類の作成には、その度に頭を絞る。そこで、一度使った書類のフォームは保存しておき、次にも流用するといい。

　報告書、議事録など、ビジネス文書の形式は大部分は同じである。書き換えるべきところを、きちんと書き換えさえしたら、何度でも使用できる。挨拶状などの場合も、一度出したデータは保存しておく。相手の趣味などプライベートに触れたことを書いた場合は、次の挨拶の際にそこから話を発展させることもできるので、記録としても貴重である。

　また、「よろしくお願いします」などのよく使うフレーズも、単語登録しておけば、一瞬で長いフレーズを呼び出すことができる。

次回使う時は前回のデータを流用する

No.03953
平成19年4月10日

株式会社東海新社 御中

株式会社初芝電産
総合宣伝課 課長
○○○○

お見積もりのお願い

拝啓　時下ますますご清祥のこととお喜び申し上げます。

さて、先日お電話で申し上げました「新商品○○○」ですが、下記の通り計画いたしました。つきましては、見積書の作成をお願いしたいと存じますので、ご高配のほどお願い申し上げます。

なお、発売日が迫っております。ご多用中恐縮ではありますが、概算で結構ですので、5月1日までにご送付いただけるとありがたく存じます。

何卒、宜しくお願い申し上げます。

敬具

記

・新商品名称：「○○○」
・発売予定日：6月30日（土）
・委託希望業務：1新商品○○○のパブリシティ
　　2キャラクターを使用した販促グッズの作製
　　・ポスター　500枚
　　・携帯ストラップ　400個
（発売2週間前の6月15日までに、納品をお願いいたします）

以上

テキストデータを流用すれば、■部だけ修正すればすむので、ものの数分で作成できる。

よく使うフレーズは単語登録しておく

「へいそ」…………→ 平素よりお世話になっております。

「じか」…………→ 時下、ますますご清祥のこととお喜び申し上げます。

「わたくしは」………→ 私は初芝電産の○○○○と申します。

「ごたようちゅう」…→ ご多用中お時間をつくっていただき、誠にありがとうございます。

「こころより」………→ 心より御礼申し上げます。

「ごめいわく」………→ ご迷惑をおかけして、申し訳ありませんでした。

「ごじあい」…………→ ご自愛くださいませ。

46

書類の処理

未処理の書類が机にたまっていないか?

書類を読むのは一度ですます

郵便物やFAX、メールなど、毎日毎日、社内外から大量の書類が届けられる。これらを放置しているとデスクの上はすぐに書類の山となる。あげくの果てに、いざというときに必要な書類が見つからなかったりする。

書類は、届いたらすぐ目を通し、その場で処理法を判断する。急ぎの文書はすみやかに決裁するなり返事を出し、不要なものはすぐ捨てる。残しておきたい資料は目的別にファイルしておけばいい。

問題なのは、そのうち必要になるかもしれない書類である。デスク脇に置きっぱなしにしたままほかの書類と紛れて、また手に取っては読み直したり、本当に必要になったときに探し回ることになる。だから、対処に困った書類はボックス等に保管して、一定の時間がすぎたら破棄すると決めておく。

もっともよくないのは、同じ書類を何度も読んだり、意味もなく後回しにすることである。これを繰り返していると、デスクに書類がうずたかく積まれてゆくのである。

何度も同じ書類を読まないための処理法

FAXや書類が送られてきたら、すぐに内容を確認する

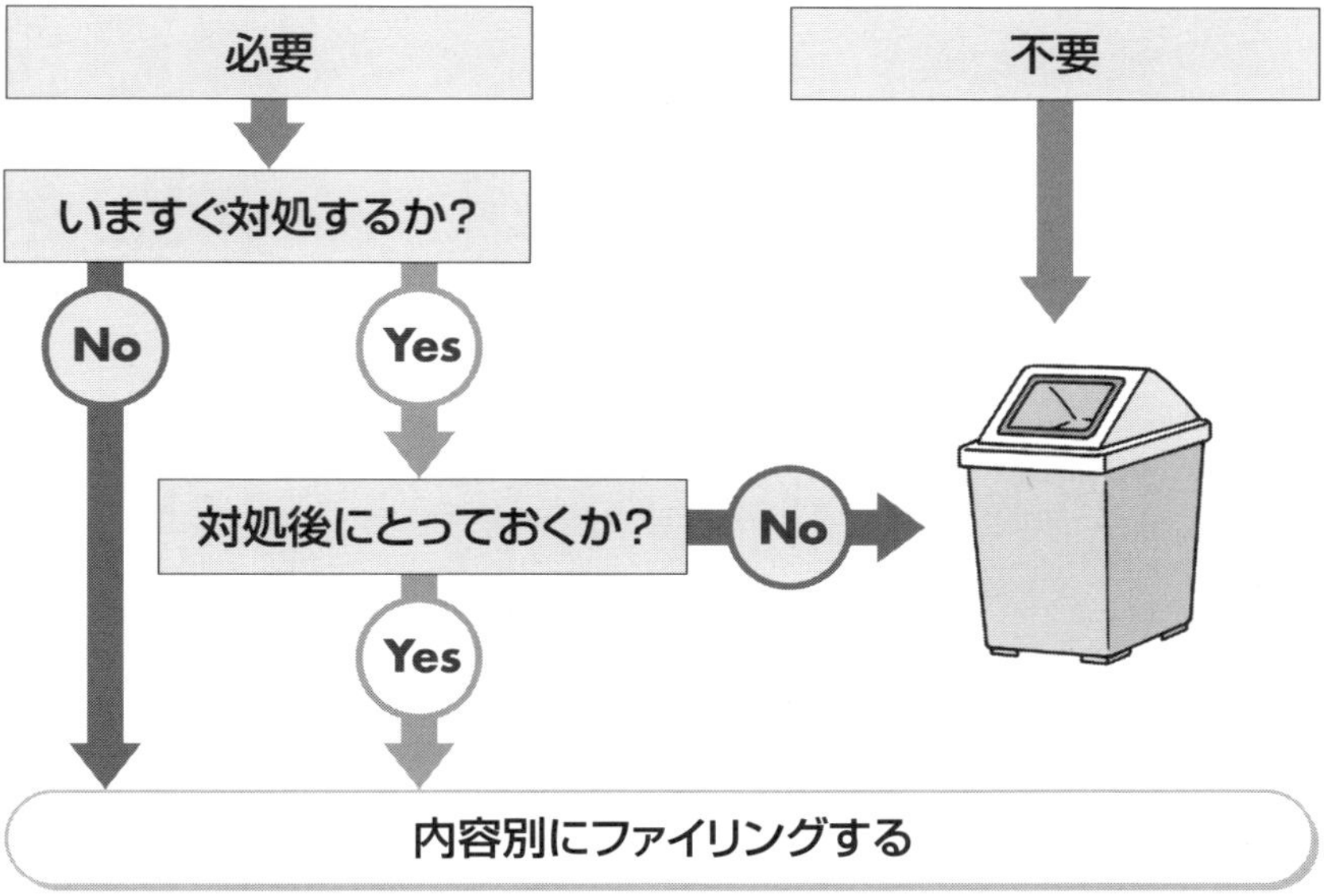

クリアファイルへ

ファイルへ

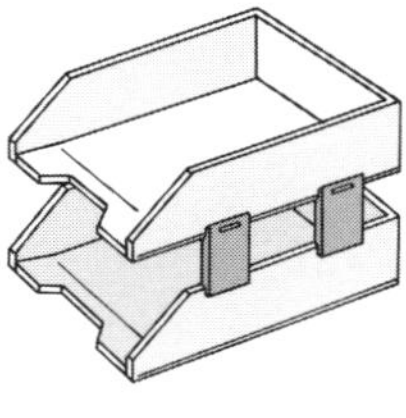

トレイへ

47

手帳の
選び方

デザインで手帳を選んでいないか？

自分にぴったりの手帳は使い勝手で決める

綴じ手帳

最初から綴じられているタイプ。システム手帳よりもコンパクトなので携帯にも便利だが、内容をカスタマイズできない。

システム手帳

リングでとめるバインダータイプ。好みや必要性に応じてスケジュール表やメモ、資料などの中身を組み合わせられるのが特徴。ただし、綴じ手帳よりも重くてかさばる。

手帳を持ってはいるけれど、あまり活用していないというビジネスマンもいるだろう。しかし、タイムマネジメントに手帳は欠かせない。では、いったい何を基準に手帳を選んだらよいのか。

　まず、市販されている手帳は、綴じ手帳とシステム手帳の2種類に分けられる。綴じ手帳はコンパクトだが、記入できる量が少ない。システム手帳などのバインダー式は、自分なりにページを組み替えて使えるが、そのぶんかさばり値段も高い。毎日アポの多い人は、時間メモリのついたタイプがいいし、1日の作業量が多い人は余白の広いタイプがいいだろう。肝心なのは、自分のビジネススタイルに合っているかどうかである。

スケジュール欄のタイプいろいろ

月間スケジュール欄

●1列タイプ

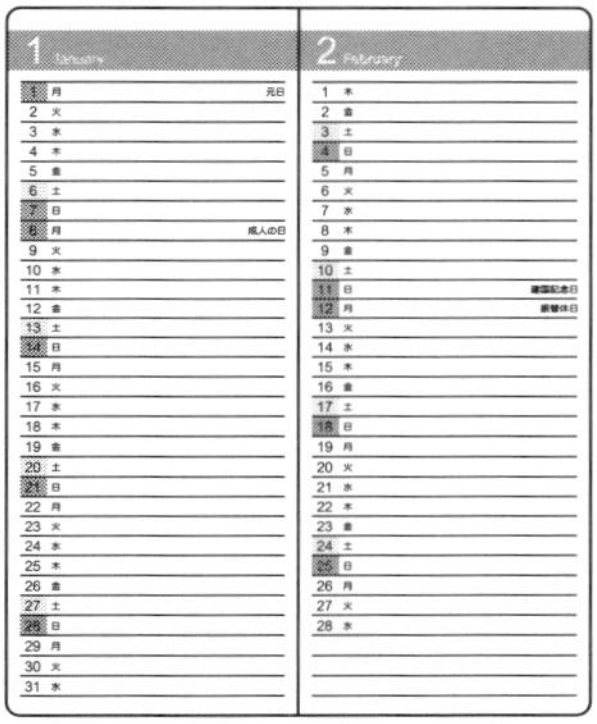

1か月が1ページに1列になっているタイプ。1列なので、その月の仕事の流れが把握しやすいが、記入できるスペースが小さい。

●1段1週タイプ

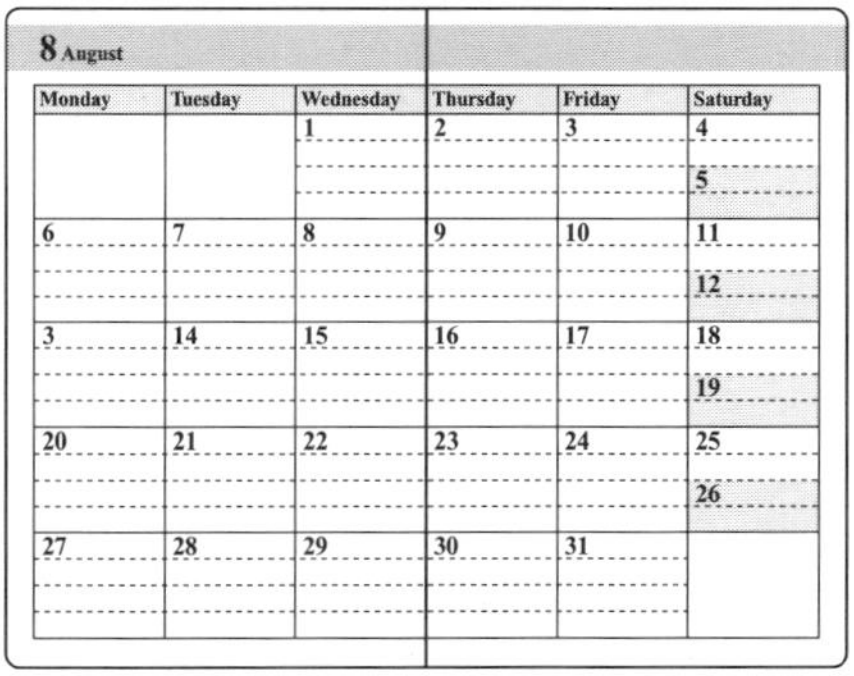

1週間が1段で見開きで1か月になっているタイプ。1週間の区切りが明確で、同じ曜日に決まった作業をする場合は使いやすい。

週間スケジュール欄

●日割りのみのタイプ

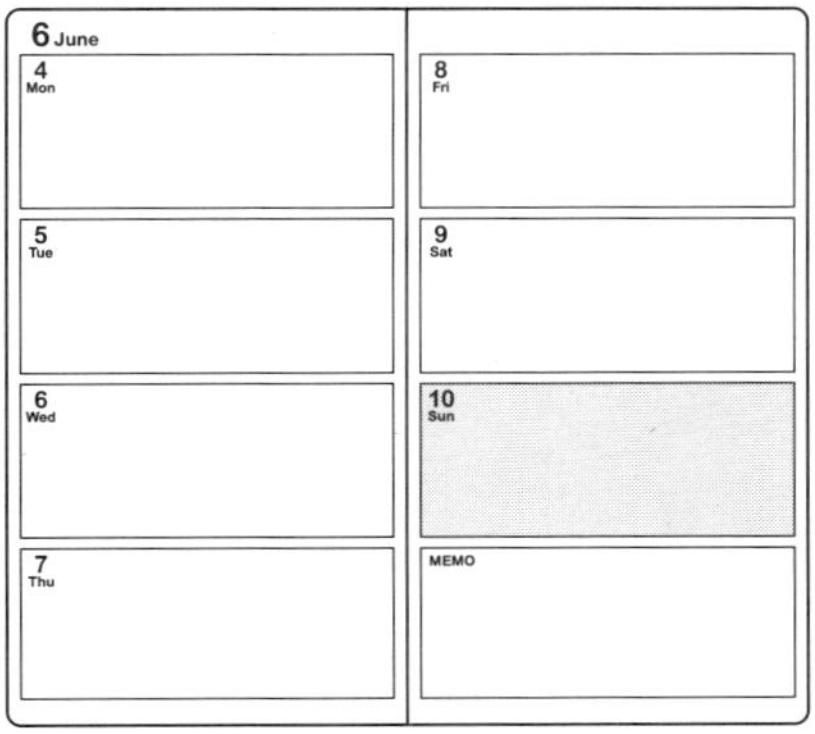

見開きで1週間のスケジュールが確認できる。記入欄は広めなので、予定の少ない人はメモ兼スケジュール管理として自由に書き込める。

●時間メモリつきタイプ

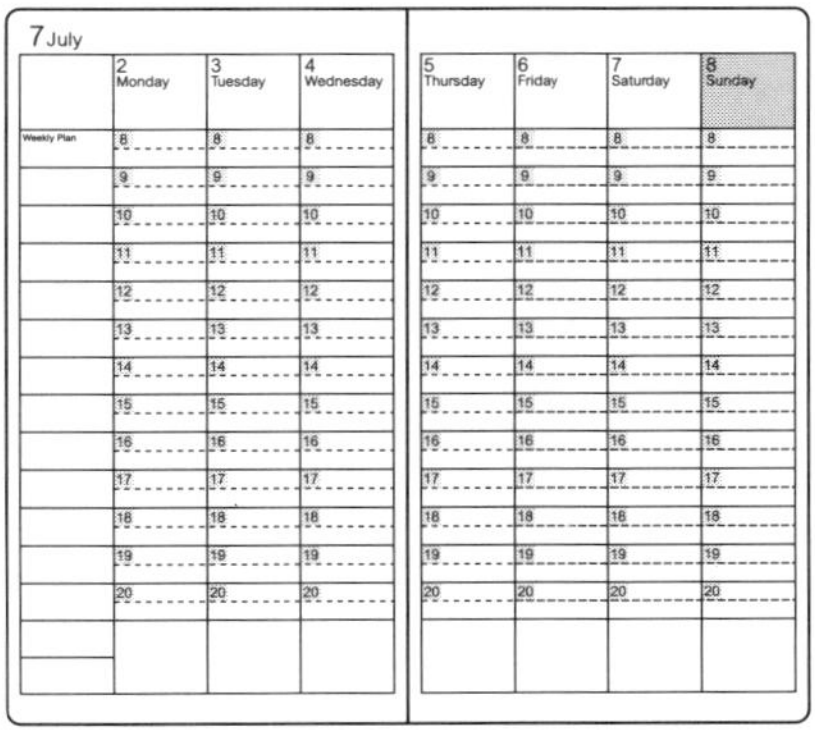

時間メモリがついているため、書き込みスペースは少ないが、小刻みに予定が入る人やシフト制の仕事の人には便利。

48

手帳活用術

自分の手帳を使いこなせているか？

手帳の使い方しだいで時間管理はうまくいく

手帳を使う最大の目的はスケジュール管理である。だから、自分でも読めないくらいぎっしり書き込んではいけない。記号や略語、矢印、ふせん、色分けを駆使してわかりやすく書く。完了させた予定は、線を引いてどんどん消す。

たたんだ書類や切り抜きを手帳にはさんでいる人がいるが、いざというときにかえって混乱するので、必要最低限な資料のみ追加する。

また、手帳は複数持たないほうがいい。仕事用とプライベート用、またはA社の件とB社の件などと分けている人がいるが、何かあるたびに両方を開いてスケジュールを確認しなければならない。結局どちらの記入もあやふやになって、ダブルブッキングする危険がある。

そして、手帳をうまく使えるようになったら、同じタイプを使い続けることが望ましい。毎年、違う型にすると、また慣れるまでに時間がかかる。合わない手帳だと、しだいに使わなくなってしまう。手帳も人材と同じで、育てるつもりでつき合おう。

デキるビジネスマンの手帳の実用例

すんだら消す

すんだ予定は赤ペンなどで消していく。消しゴムなどで消してしまうと、その日何をしていたのかわからなくなるので、記入内容がわかるように消す。

ふせんを活用

変更する可能性のある予定はふせんに書いて、仮の日にちに貼っておく。変更したら、貼り直せば書き直さなくてすむ。

頻出作業は記号化する

メモと同様に、頻出する作業やつき合いの多い人名、会社名は記号化することで書く手間を省く。

色を使い分ける

仕事は黒、プライベートは青というように内容によってペンの色を使い分けると、一目で見分けがつく。

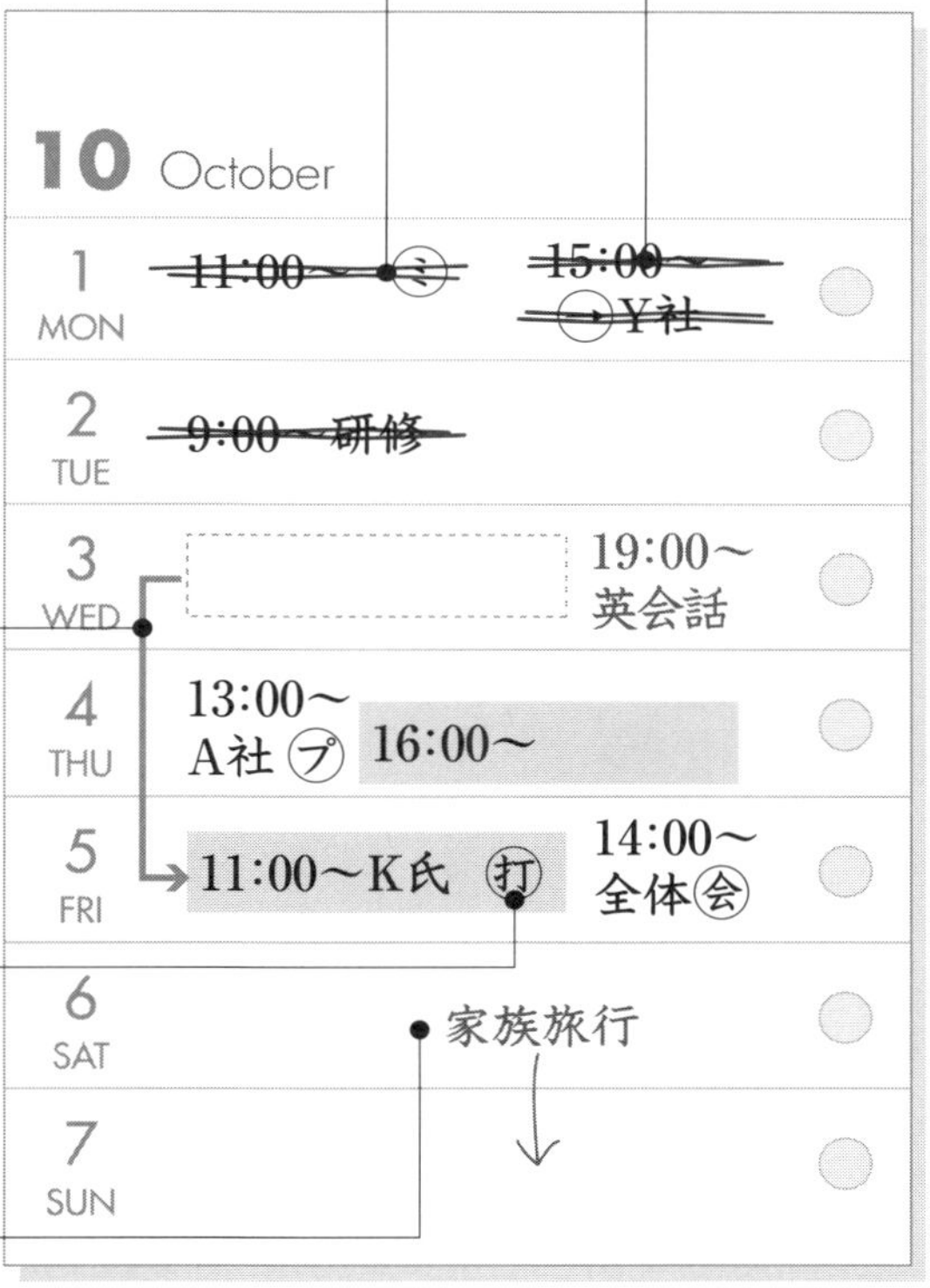

過去の手帳はデータベースになる！

使い終わった手帳は捨てずに保管しておくと、いろいろと役に立つ。仕事の進め方やスケジュールの組み方だけでなく、接待で使った店や出張で宿泊したホテルなどが確認できる。貴重なデータベースとして活用したい。

メモはいつでもどこでもその場ですぐにとる

メモをとることをめんどうくさがっていないか？

メモの効用

❶ 備忘録になる
せっかく思いついたアイデアをメモしなかったがために思い出せないことは多い。メモをとる習慣をつければ、どんなに忙しくてもやり忘れを防ぐことができる。

❷ 考えを整理できる
やるべき作業を書き出すことで、いつまでに何をやらなければいけないかが明確になり、頭の中を整理できる。

❸ 頭を空にできる
時間に追われていると、つい大事なことを忘れてしまいがちだが、メモをとっておけば安心して忘れることができ、そのぶんほかの業務に頭を使える。

時間のムダだからといって、メモをとることを軽んじてはいないか。メモの最大の効果は、もの忘れ防止である。連絡事項をその場でメモしたり、思いついたときにアイデアを書きとめておけば、あとで必死に思い出すというムダを省ける。メモをとる手間よりも、忘れたことを思い出す時間のほうがロスになるだろう。

また、書き出すことにより頭が整理されるので、考えをまとめられるという利点もある。

さらに、メモさえとっておけば、覚えておく必要がなくなるので、頭を空っぽにして別のことに集中できる。結果的に見れば、メモをとったほうが、ムダを減らせるのだ。

ムダのないメモのとり方

用紙サイズはそろえたい

メモを紛失して探し回ったりしないように、用紙サイズは決めておき、一括して管理しておくといい。

日付を入れる

メモが多くなると、いつ書いたメモなのかわからなくなるので、必ずどこかに日付を入れて整理する。

箇条書きにする

自分だけが見るものなので、詳細に書く必要はない。書くのは必要最低限の情報のみにして、手間を省く。

すんだら消す

終えた作業は赤ペンなどで消していくと達成感が生まれる。消しゴムなどで消してしまうと、あとでやったのかわからなくなるので、チェックマークや斜線で消す。

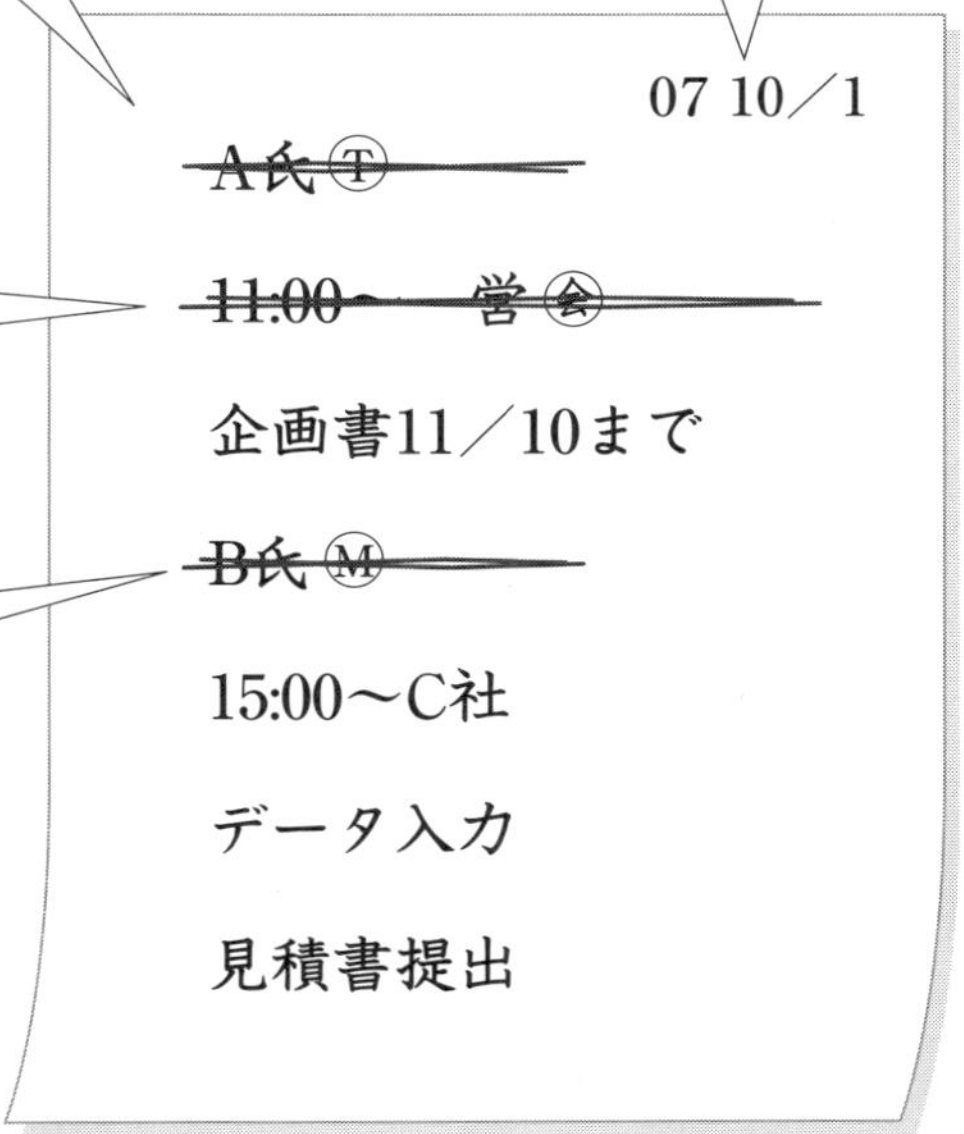

POINT

◆記号化で手間を省く

メモは、自分が見てわかればいいので、美しく書く必要はない。頻出する作業やつき合いの多い人名、会社名は記号化して書く手間を省く。よく使う単語は漢字ではなくカタカナや平仮名にするといい。

〈例〉

電話 → Ⓣ
FAX → Ⓕ
メール → Ⓜ
会議 → (会)
打ち合わせ → (打)

50 ふせん活用術

ふせんを目印だけに使っていないか？

ふせんを活用すると大幅な時間短縮ができる

小さいながら強力なビジネスツールが、ふせんである。ペタペタとどこにでも貼れるので、本のしおり代わりに使ったり、メモ代わりに書類や手帳に貼ったりできる。一束あってもかさばらないので、外出先にも気軽に持ち運ぶことができる。

ふせんのメリットは、そればかりではない。はがして貼り替えることができるので、仕事の進行や変更によっていくらでも動かすことができるのだ。

たとえば、A氏との面談の日時が変更になったら、その日のスケジュール表に貼っていたふせんを移動すればいい。手書きの場合だと、重要な用件が一つ飛び込んできたら、その他の予定を書き直す羽目になるが、ふせんに書いて貼ったものなら、いちいち書き換えなくてもすむ。

ふせんは、電話やパソコンにも貼れるし、色や大きさには様々なバリエーションがある。色ごとに緊急用、プライベート用などと決めておくと、ひと目でわかり便利である。

バリエーション豊富なふせん

長方形のものが一般的だが、正方形や細長いものなどサイズが豊富で、色の種類も多い。内容や優先順位など用途に応じて使い分けられる

ふせんの使いこなし方

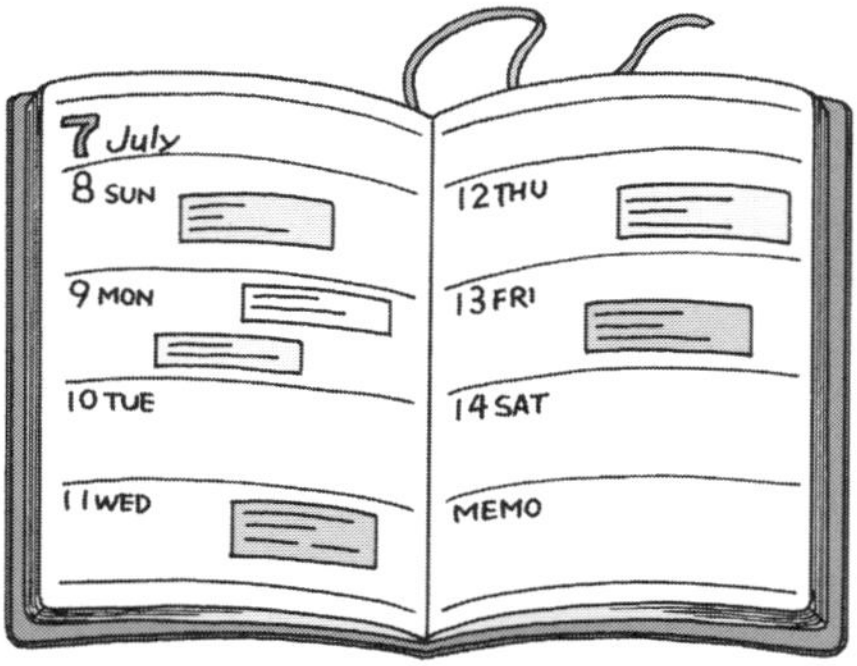

予定を書いて手帳に貼る

変更する可能性のある予定をふせんに書いて、仮の日にちに貼っておく。変更したら、確定日に貼り直せば書き直しの手間が省ける。

パソコンのモニターに貼る

PCによる作業が多い人は、あとでやる作業をひとつずつふせんに書いてモニターに貼っておけば、やり忘れを防げる。

メモ代わりに携帯電話に貼る

やることメモや買い物メモとして携帯電話に貼っておく。携帯電話以外でも、財布や定期入れなど、毎日必ず見るものに貼っておけば忘れない。

51

パソコン操作

パソコン操作に時間をかけすぎていないか?

ショートカットキーを使って作業スピードを短縮

職種にもよるが、仕事でパソコンを使う時間はけっこう長いので、極力ムダな動作は省きたい。基本操作をマウスでしている人は、キーボードから手を離し、マウスでクリックして、またキーボードに手を戻すという動作は、意外にわずらわしい。ところが、ショートカットキーを使えば、ほぼマウスを使わずにすむのである。

たとえば、複数のウインドウを開いている最中、デスクトップ画面を確認したい場合、いちいち閉じていては、手間がかかるが、「Windows」を押したまま「D」のキーを押すと、一瞬でデスクトップがあらわれる。

さらに使えるのが「Ctrl」と表示してある「コントロールキー」である。これを押しながら「Z」を押すと、直前の操作を取り消して元に戻すことができる。ほかにも便利なショートカットキーを次ページに挙げてみたが、これらはほんの一例である。「Alt」「Shift」キーも、使用頻度が高い。

一度覚えてしまうと、操作のスピードは格段に速くなる。

これだけは覚えておきたいショートカットキー（Windowsの場合）

● デスクトップを表示する ➡ Windows ＋ D

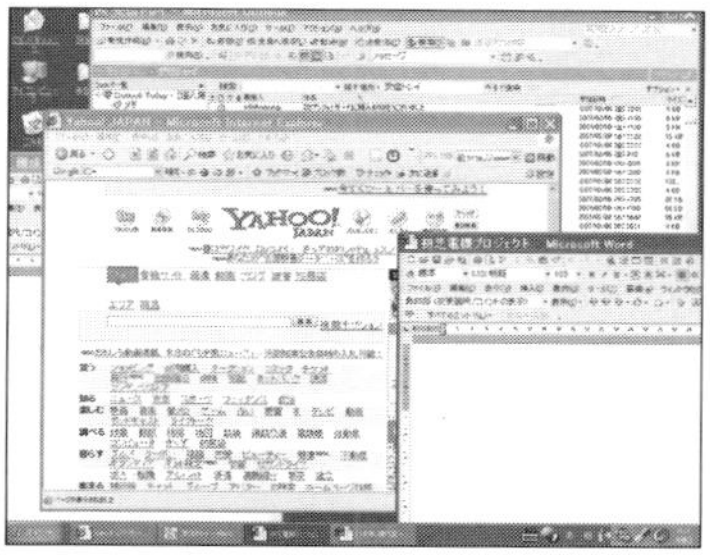

複数のウインドウを開いているときに、デスクトップ画面を確認したくなったらWindows＋Dを押す。

一瞬ですべてのウインドウを最小化し、デスクトップ画面があらわれる。ひとつひとつ最小化する手間が省ける。

● 直前の操作を取り消す …………………… ➡ Ctrl ＋ Z

● ファイルやフォルダをすべて選択する ➡ Ctrl ＋ A

● ファイルを印刷する …………………………… ➡ Ctrl ＋ P

● ファイルやフォルダをコピーする …… ➡ Ctrl ＋ C

● ファイルやフォルダをカットする ……… ➡ Ctrl ＋ X

● ファイルやフォルダをペーストする …. ➡ Ctrl ＋ V

● ファイルやフォルダの名前をかえる … ➡ F2

● ファイルを新規作成する ……………………… ➡ Ctrl ＋ N

● ファイルを開く ………………………………………… ➡ Ctrl ＋ O

● ファイルを保存する ………………………………… ➡ Ctrl ＋ S

● 入力した文字を全角カタカナにする‥ ➡ F7

52

ネット検索

ネット検索に時間をかけすぎていないか？

AND、NOT検索を駆使して検索時間を短縮

いまや情報収集にはネット検索が欠かせない。だが、むやみに検索しても膨大な数がヒットして、目当ての情報になかなかたどり着けないことも多い。

YAHOO!やgooといった検索エンジンには、ロボット型とディレクトリ型の2種類がある。下記のように、それぞれ特徴があるので、用途によって使い分けるとより早く情報にたどりつける。

また、キーワードの入れ方を工夫するとしぼり込みが速くなる。よく使われているのが「AND検索」だろう。複数のキーワードをスペースで区切って並べて入力する方法だが、順番によって検索結果が異なるので、欲しい情報が見つからなければ入れ替えるといい。

次に、特定のキーワードを含むサイトを除外するのが、「NOT検索」である。余計な情報がはっきりしている場合は、これにより早く知りたい情報に到達できる。

このほか「OR検索」などもあるが、いずれにせよ知りたい情報に応じて、検索エンジンと検索方法を使い分けることが手間を省く。

検索エンジンは2種類ある

ロボット型	ディレクトリ型
すべてのサイトの中に入り込んで、サイト内の文章から該当する言葉を検索する。調べたい事柄が広い範囲でも、キーワードがはっきりと限定されている場合に適している。	検索対象は登録されているサイトのみで、カテゴリ分類されたサイトから検出する。カテゴリを徐々にしぼっていくという方法のため、あらかじめテーマがしぼられている場合に適している。
▼	▼
調べたい言葉が具体的な場合に向いている	調べたい項目が一般的な概念などの場合に向いている

キーワード検索の上級者テクニック

AND検索

すべてのキーワードを含む
ページを表示

例

Jリーグ　プロ野球

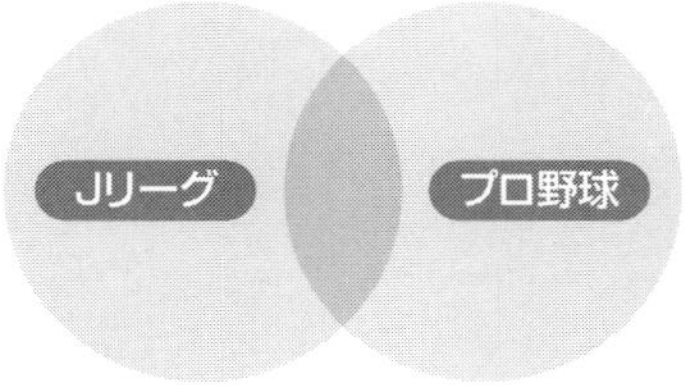
Jリーグ
プロ野球

「Jリーグ」と「プロ野球」の両方の言葉が含まれているサイトが表示される

OR検索

キーワードのどちらかひとつ
を含むページを表示

例

Jリーグ or プロ野球

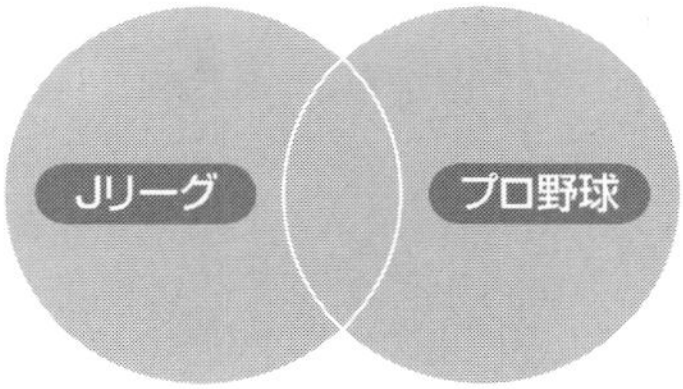
Jリーグ
プロ野球

「Jリーグ」と「プロ野球」どちらかひとつでも含まれているサイトが表示される

NOT検索

特定のキーワードを含む
サイトを除外して表示

例

Jリーグ not プロ野球

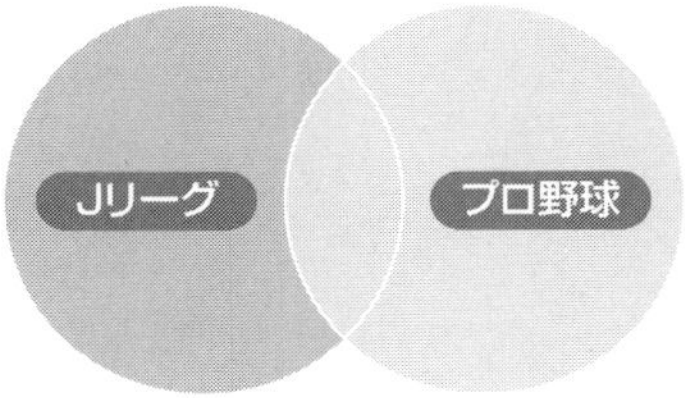
Jリーグ
プロ野球

「Jリーグ」を含むページのうち、「プロ野球」が含まれるサイトを除いたサイトが表示される

これ以外にも、一部の検索エンジンで使える「フレーズ検索」も有効だ。たとえば“深夜営業のスーパー”というように「“”」でくくったフレーズを入力すると、完全に一致するサイトのみを表示する機能だ。

53

ITツール

IT機器に臆病になっていないか?
倍速ツールを活用して時間を短縮する

PDA

コンパクトで軽量そのうえ多機能

スケジュール管理機能やメール、メモ帳などの機能がついた小型版ノートパソコン。必要に応じてアプリケーションをインストールできるので、使い勝手のいいようにカスタマイズできる。

手のひらサイズなので、荷物にならないだけでなく、タクシーの中や電車の中でメールチェックやスケジュール管理ができる。

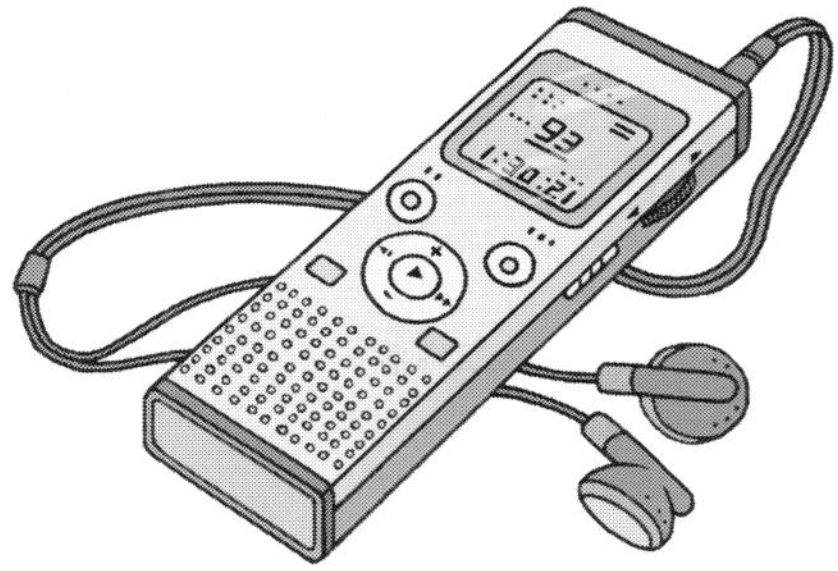

ICレコーダー

メモ代わりや会議の記録に大活躍

メモ帳を持ち歩いて、いちいち書くのがめんどうという人は、ICレコーダーやテープレコーダーに録音すればメモ代わりになる。会議の議事録としても使える。

デジタルカメラ

記録から決定的瞬間まで究極のメモ術

たとえば地図や時刻表といった情報量の多いものをメモしようとすると時間がかかる。デジカメなら一瞬で記録できてしまうので便利。

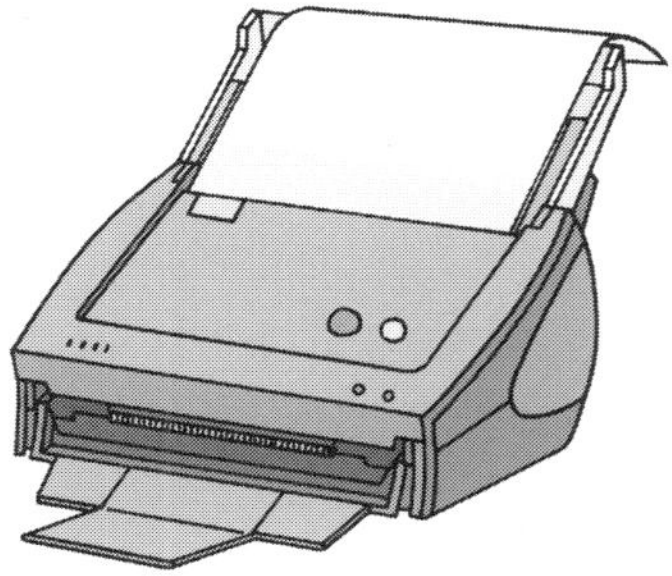

ドキュメントスキャナ

書類はデータ化してどんどん捨てる

書類をスキャニングしてPDF形式のデータとして保存できる。

ＩＴ機器をいかに使いこなすかは、時間活用において重要である。ここでは便利なツールを紹介する。

　小型で軽量のＰＤＡは、パソコンと情報を共有できて、しかも価格が安いのが魅力。重いノートパソコンを持ち歩いている人は、試してみる価値がある。

　また、メモをとるのは億劫《おっくう》だという人は、デジタル録音機のＩＣレコーダーが便利。聞きたい箇所を瞬時に呼び出せるので、テープレコーダーのように、いちいち早送りや巻き戻しをしなくていい。

　もうひとつメモ代わりに使えるのがデジタルカメラだ。写した画像を送信できるので、使い勝手がいい。得意先に業務の進行を報告するなど、活用する機会は多い。

54

手紙の効用

手書きの礼状、詫び状が人脈を広げる

手紙を書くことをわずらわしがっていないか？

自分は字が下手だし、手書きの手紙は時間がかかるのでめんどうだという人は少なくない。だが、どんな用件もメールですませがちな昨今だからこそ、手紙は相手に気持ちを伝える手段として効果的なのである。お礼やお詫びをメールで伝えては、失礼にあたる場合もある。

慣れれば、葉書1枚なら5分もかけずに書くことができる。きれいに書こう、いいことを書こうと思うから、ぐずぐずして筆不精になるのである。お礼やお詫びは、時間がたってからではあまり意味がない。短時間で書く習慣をつけるのが筆マメになるコツである。

文章は例文集を見て自分なりに少しアレンジすればいいし、字は達筆でなくても楷書で丁寧に書けば好印象を与える。また、太い字にすると字数が少なくてもバランスがとれる。

葉書をいつも引き出しに用意しておけば、気軽にペンを手にとるようになるし、外出先に持って行けば、ちょっとしたすきま時間にも書いてしまえる。

肉筆の手紙は
いつもらっても
うれしいもの

短時間で好印象の手紙を書くコツ

前略　この度は、株式会社□□様をご紹介いただき、
誠にありがとうございました。
　大島様のお口添えのおかげで、弊社製品「○○」
5000個のご注文をいただき、これを機に
取引開始の運びとなりました。
　関西方面での事業拡大を計画していた矢先、
大阪を拠点とされている株式会社□□様との取引が
かない、営業部一同喜んでおります。
　まずは、ご報告かたがた御礼申し上げます。
草々

株式会社初芝電産
○○○○

1行は約20字に

ごちゃごちゃしないよう、葉書なら1行は18〜20字、行数は8〜10行くらいがちょうどいい。

余白は1センチ

周りの余白は1センチくらいが白すぎず、窮屈すぎずちょうどいいバランスになる。

宛名、署名は必ず手書きで

すべて直筆がベストだが、時間がないときは本文はパソコンで打って、宛名、署名のみ直筆にするという方法もある。

太ペンで書く

あまり書く内容がなかったり、長文が苦手という場合は、太いペンを使うと、文字数が少なくてもスカスカ感はおさえられる。

POINT

◆達筆でなくても、丁寧で読みやすい字で書く
◆文章はあまりこりすぎずに、簡潔にまとめる
◆葉書を持ち歩くようにすれば、空き時間に書ける

55

デスク整理

整理整頓こそがムダ時間を省く

毎日探しものをしていないか？

あなたのデスク周りは整理整頓されているだろうか。なぜ、ビジネスマンに整理術が必要なのかというと、探しものに費やす時間こそムダの極致だからである。

書類などは、横にして積むのは厳禁。どんどん高くなる一方で、下にある書類を探し、取り出すだけで大仕事になる。よく使う重要書類は、背表紙が見えるファイルに分類して立てておく。

原則として、デスクの上には現在進行中の仕事に使う物以外は置かないようにする。筆記用具やメモ用紙など、いつも使う物は定位置を決め、ひとつ物が増えたら、ひとつ片づけるか捨てるようにする。また、使用頻度の高いものは手前におくようにするといい。

電話は、利き腕の反対側に置く。利き腕で受話器を持っては、通話しながらメモが取れないからである。

周囲が乱雑だと、ついそれに影響されがちだが、自分のデスクの整理整頓は死守しよう。探しものに費やす時間には、何の生産性もないのだから。

見た目にとらわれないこと！

整理整頓で気をつけたいのは、きれいに片づけようとしないこと。重要なのは、見た目の美しさではなく、何がどこにあるか把握していることである。

POINT

- ◆使用頻度の少ないものは収納し、机の上に置かない
- ◆使い終わったものは、すぐにもとの場所にしまう
- ◆不要なものはその都度捨て、ものを増やさない

デスクのレイアウトで時間短縮

保留の書類はトレイに

2段トレイがあると、処理、保留というように書類を分類できるので便利。

電話は左側に

右利きの人は、電話はデスクの左側に置く。利き腕で受話器をとるとメモができない。

重要書類は右奥に立てる

右利きの人は書類を右奥に並べると取りやすい。書類は積んでしまうと探すのに時間がかかるので、必ず立てること。

保存書類は引き出しに

いまは使っていない保存書類は、ファイルに分類して引き出しにしまう。ファイル名がわかるように背を上に向けて収納する。

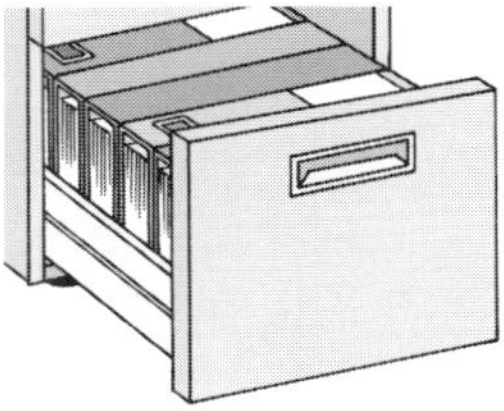

現代人の時間の使い方⑤

夫婦の会話時間 どれくらい?

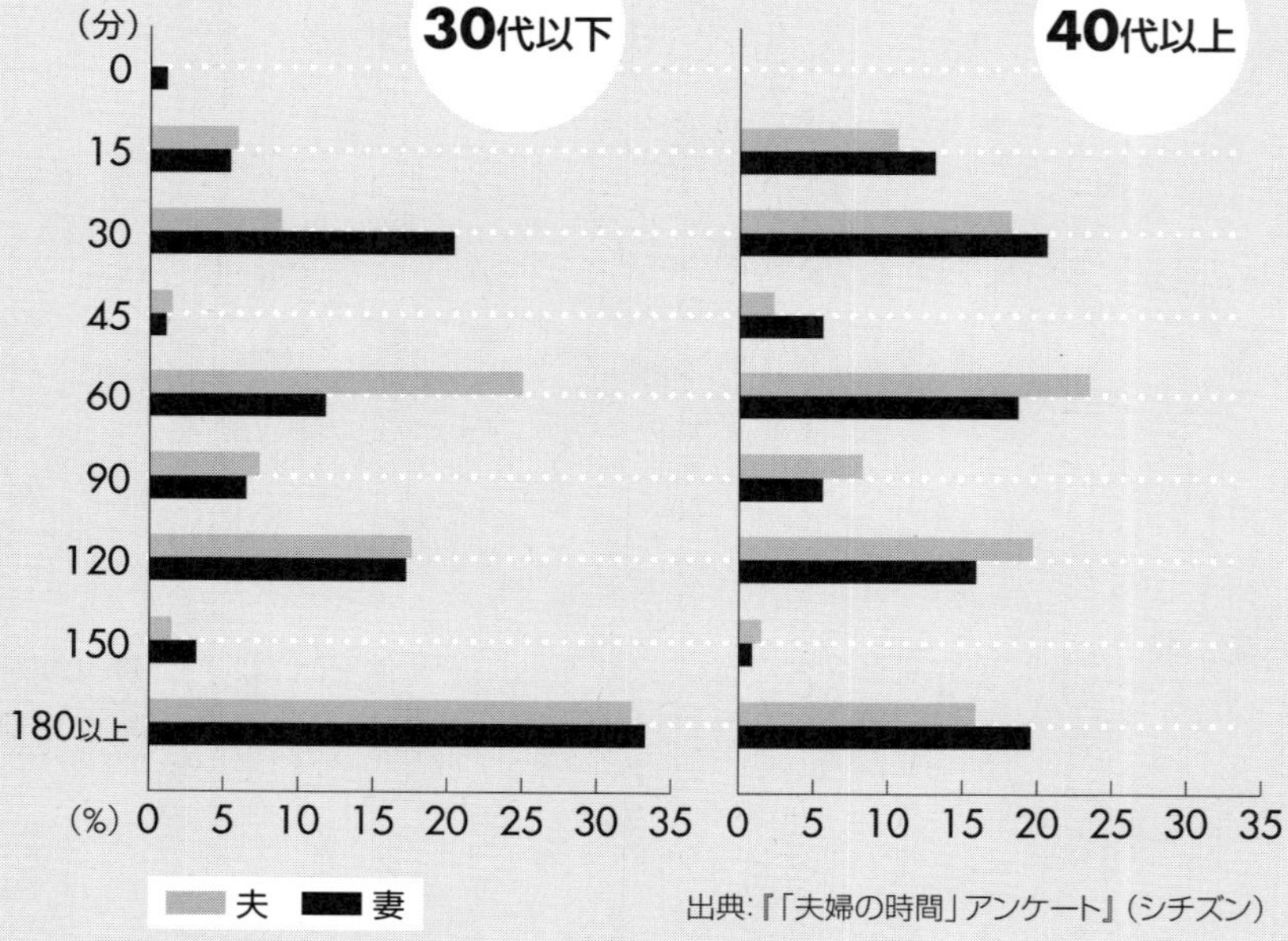

出典:『「夫婦の時間」アンケート』(シチズン)

休日の夫婦の会話は90分

昔から、結婚生活が長くなればなるほど「夫婦は空気のようなもの」などと言われるが、実際はどうなのだろう。

休日の夫婦の会話時間を調べたアンケートによると、平均時間は夫が92分、妻が93分となり、夫と妻の回答はほぼ同じだった。

興味深いことに、30代以下では3時間以上会話をしている夫婦は3割強もいるが、40代以上になると2割以下となる。やはり、結婚生活が長くなればなるほど夫婦間の会話は減るものなのか……。

第5章 10年後の自分のために、時間を投資する

寝る前にこそ勉強をする …… P.150
睡眠は量ではなく質だと知っている …… P.152
毎朝すっきり目を覚ます …… P.154
時間を浪費することの贅沢を噛みしめている …… P.156

ええ
まだみんな若いですがそのうち我が社を大きくしてくれる人間たちです

タイムマネジメントの掟 5

時間を節約するだけがタイムマネジメントではない。自分のために時間を投資するのも時間活用の真髄である。そして、ときには、散歩をしたり、あえて各駅停車に乗ったり、自分の好きなことに思う存分時間を費やしたい。じつは、そんなムダな時間が人生を豊かにする。1分1秒の貴重さを知っているからこそ、時間を浪費することの贅沢に気づけるのだ。

▶時間の使い方のうまい人は、

アフター5を大切にする …… P.140

休日をいかにすごすかに余念がない …… P.142

「勉強時間がない」という言い訳を口にしない …… P.144

本を最後まで読んだりしない …… P.146

10分で朝刊に目を通す …… P.148

56

アフター5

終業後のつき合いをムダと思っていないか？

アフター5の充実が日々を充実させる

同僚に飲みに誘われたら…

島さ〜ん
今夜飲みに
行きましょうよ〜
き、昨日も
行っただろう

メリット

- 同僚と親交が深められる
- 本音情報が得られる

デメリット

- グチや悪口につき合わされる
- 夜の自由時間がつぶれる

➡ **ムダな時間になりそうなら断る**

仕事を円滑に進めるために上司や同僚とのコミュニケーションは欠かせないが、アフター5まで無理につき合う必要はない。気が進まないなら、「残念ですが、用事があって」などと上手に断ればいい。とくに、いつも職場のメンバーで飲みに行くのは、仕事のグチや不満になりがちなので、得るものがない場合が多い。

どうせ飲みに行くなら、異業種の人や同じ趣味を持つ人など社外の人と交流したほうが、新たな刺激を受けたり、視野が広がる。

だからといって、退社後まであくせく予定を詰める必要はない。自宅で晩酌しながらくつろいでもいいし、家族や恋人など好きな人とすごしても有意義な時間となる。

アフター5も有意義に

Bad Case!

● いつも同じメンバーで飲む

いつも同じ職場の同僚と飲んでいれば、どうしても仕事の話になってしまい、グチや悪口大会になりやすい。

● 制限時間なしで飲む

「今日は10時まで」と決めて参加しないと、2軒目、3軒目とダラダラとつき合うはめになる。

Good Case!

● 異業種の人と会う

社外勉強会などに積極的に参加して、異業種、異職種の人と交流すると、新鮮な刺激を受けられ、やる気につながる。

● 講座に通う

英会話などの語学教室や資格試験のための講習など、自分自身のステップアップのために時間を使う。

● 映画を観に行く

映画や演劇、ライブなど興味のあるものを観に行く。楽しい時間がすごせるうえに、雑談の話題にもなる。

● 好きな人とすごす

家族や恋人、友人など、一緒にいてリラックスできる相手とすごすことで、仕事を忘れリフレッシュできる。

57

休日のすごし方

休日をダラダラすごしていないか?

休日はフル活用してモチベーションを上げる

日々働いていると1年はあっという間にすぎる。ところが、あまり実感はないかもしれないが、1年の約3分の1は休日なのである。忙しい毎日をすごしていても、じつは手持ちの自由時間はずいぶんあるのだ。ゴロ寝しているだけではせっかくの休みもあっという間に終わってしまうが、これだけの時間を趣味や勉強に費やせばかなりのことができる。もちろん遊びやレジャーに使ってもかまわない。

重要なのは、目的をはっきりさせることだ。土日休みであれば、土曜日はのんびりすごす疲労回復の日とし、日曜日はスポーツや趣味の日というように使い分けてもいい。今週末が休日出勤でつぶれたのなら、翌週末は何も予定を入れない休息日にする。

いずれにせよ、自分が有意義だと思えれば、どうすごしたっていいのだ。いちばん悪いのは、意味もなくダラダラしたり、反対にスケジュールを詰め込みすぎて、月曜日に〝休み疲れ〟になってしまうこと。せっかくの休日が仕事の足を引っぱっては本末転倒である。

1年の3分の1は休日!

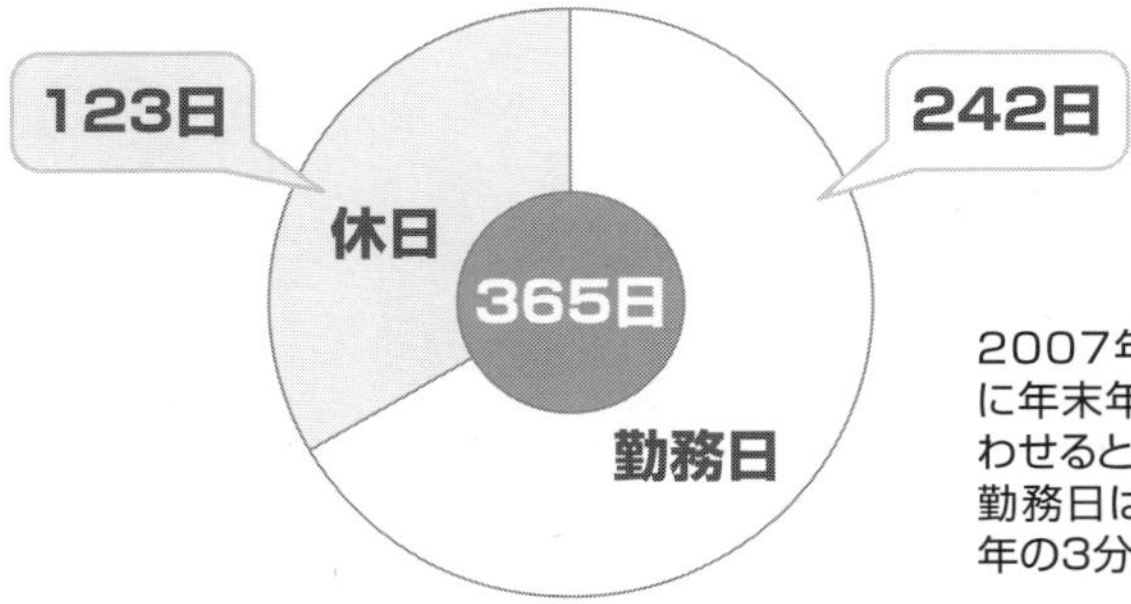

2007年の場合、土日祝日に年末年始とお盆休みをあわせると、休日は123日ある。勤務日は242日なので、1年の3分の1は休日なのだ。

思いっきり遊ぶ

家族で出かけたり友人とキャンプなど、とにかく好きなことをしてすごし、仕事と休日のメリハリをきっちりつける。

↓

リラックス、ストレス発散

わぁうれしいなボートにのるのひさしぶりだね

インプットの日にする

資格試験やスキルアップのための勉強をしたり、たまっていた1週間分の新聞を読むなど、積極的に知識や情報を取り込む日にする。

↓

モチベーションUP!

58

eラーニング

勉強する時間がないとあきらめていないか？

いつでも、どこでもすきま時間で勉強ができる

スキルアップのために資格を取ろうとしても、勉強時間の確保が難しい。そんな多忙なビジネスマンにぴったりなのがeラーニングである。

これはITを利用して学習するシステムで、インターネットに接続さえすれば、わざわざ学校に通わなくても、いつでもどこでも受講できる。

語学や各種の専門知識、資格取得講座など、すぐに役立つコンテンツが豊富で、1単元は数十分から1時間ほどの長さの講座が多いので、通勤時間などの空き時間にも利用できる。

単元を終えると確認のテストがあり、合格すると次に進むというタイプが一般的である。なかには、講師やほかの受講者と、インターネットを通じて動画や音声をやりとりできる講座もある。

多忙を理由に資格取得をあきらめていた人も、これならちょっとした空き時間に勉強することができる。無料の講座を設定してあるサイトもあるので、試してみるといい。

eラーニングとは？

パソコンやインターネットなどのIT技術を利用した教育システムのこと。教材をインターネットで配信するため、コンピュータとネットワークさえあれば、いつでもどこでも学習できるのが魅力。

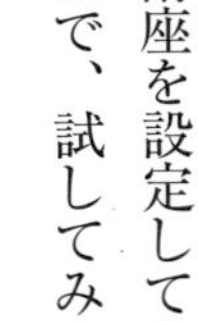

POINT

◆eラーニングの魅力

- いつでも、どこでも、すきま時間に勉強できる
- 自分のペースで受講できる
- ビジネススキル関連のコンテンツが豊富

すきま時間のeラーニング活用法

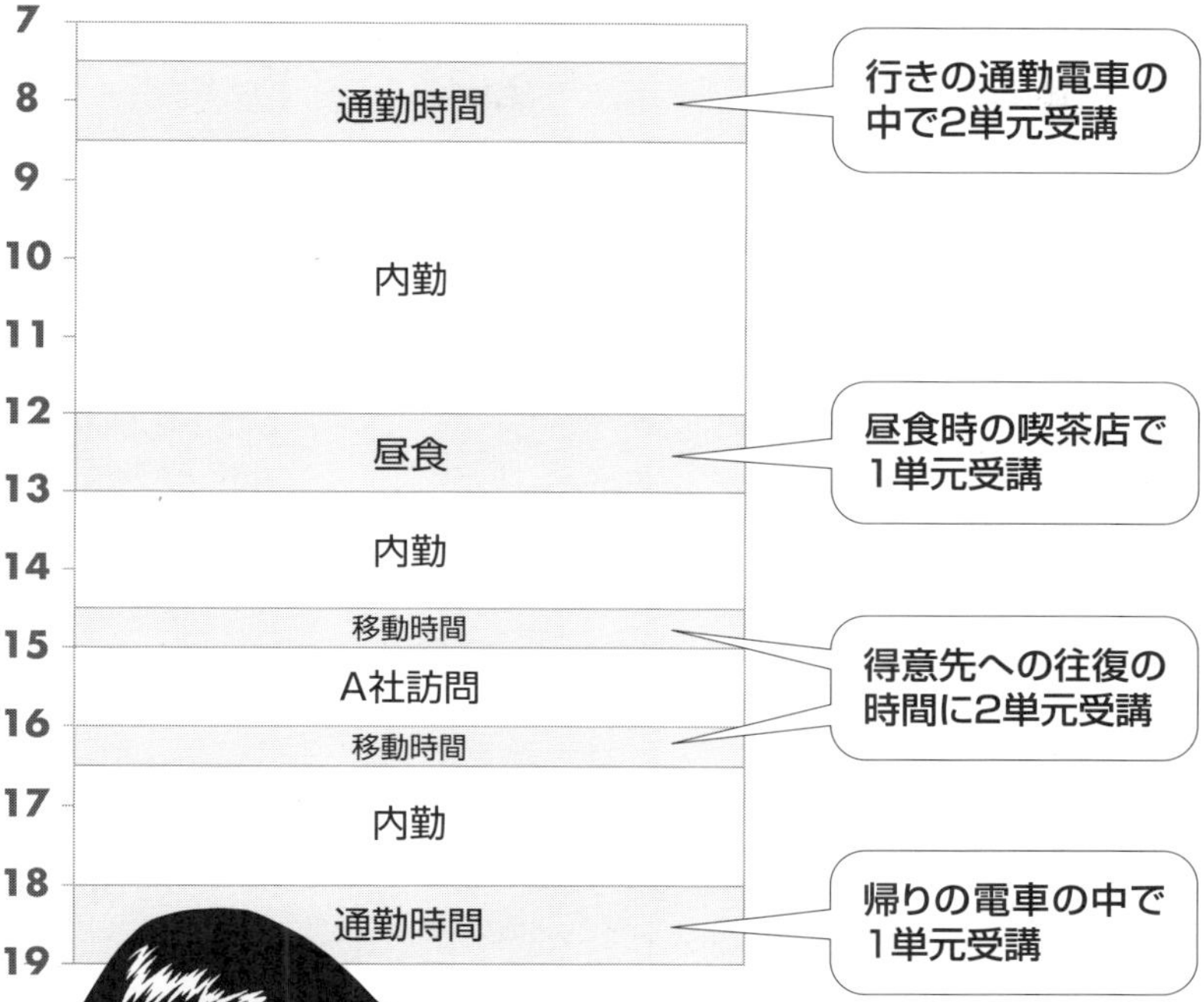
7
8
9
10
11
12
13
14
15
16
17
18
19
通勤時間
内勤
昼食
内勤
移動時間
A社訪問
移動時間
内勤
通勤時間
行きの通勤電車の中で2単元受講
昼食時の喫茶店で1単元受講
得意先への往復の時間に2単元受講
帰りの電車の中で1単元受講

インターネットに接続できる環境であれば24時間どこでも学習可能

本は頭から丁寧に読むものだと思っていないか?

本を最後まで読むのは時間のムダ

読みたい本はたくさんあっても読む時間がないというビジネスマンは、速読術を身につけるといい。

大前提として、本は最後まで読む必要はない。とくに仕事の資料として読む場合は、以下のポイントをおさえれば概要はつかめる。

1つめは、前書きである。前書きには、その本のコンセプトや執筆の意図、経緯が書かれているので、どのような本なのかが手短に理解できる。

2つめは目次である。目次はその本の案内なので、ひと通り目を通せば全体の構成が把握できる。

3つめは見出しである。冒頭からページをめくっていき、順番に見出しと直後の数行を読むのだ。見出しはその項目の核となる単語や一文がくるので、目を通すことで内容を推測できる。そして、その内容は見出し直後の数行に凝縮されていることが多い。興味のある内容であればそのまま1項目を読めばいいし、必要がなければ次の見出しに移る。

この方法なら短時間で本の内容をつかむことができる。

短時間でポイントをおさえるテクニック

① 前書きと目次を読む

前書きにはその本の意図と要点が、目次には本全体の構成やアウトラインが載っている。目を通すことで概要がつかめるので本の内容が推測できる。読んでいる最中も、いま自分がどのあたりを読んでいるかがつかめる。

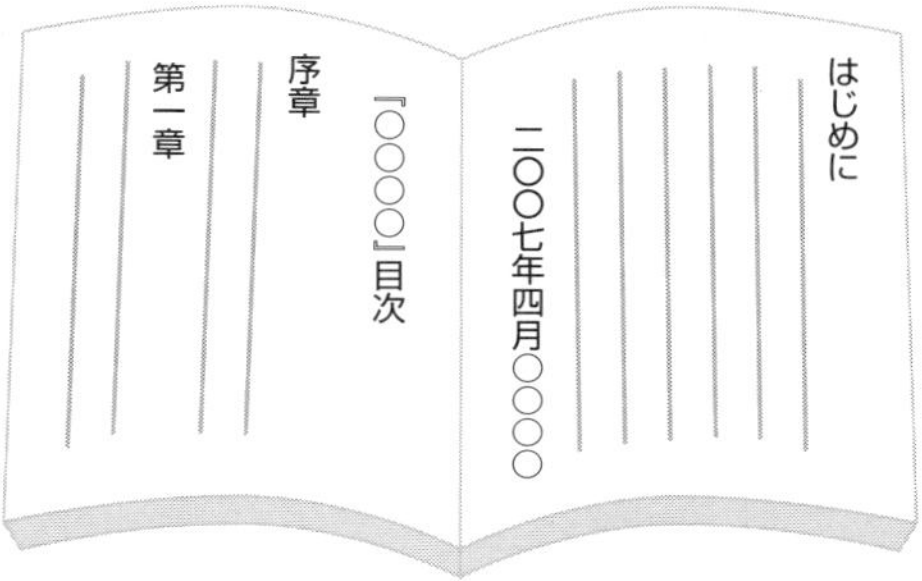

② 見出しと冒頭部に目を通す

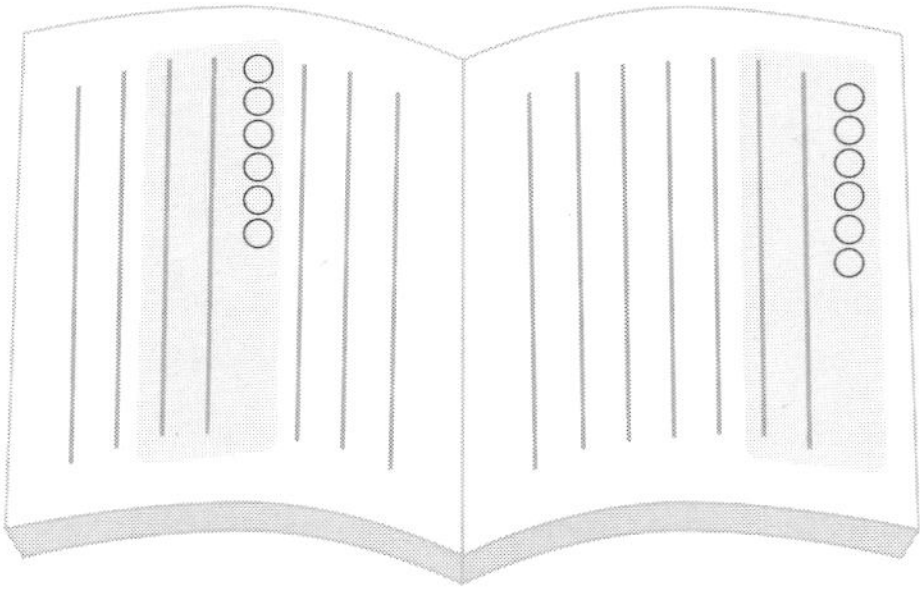

見出しは、本文の内容を端的にあらわしたものなので、見出しを読み、その見出しを説明する箇所を見つけて読み、次の見出しに移る。この方法なら、読む量を大幅に省略しながらも要点をおさえられる。

同時に2、3冊読む併読術

もうひとつの読書法として、複数の本を同時並行に読む併読術がある。ただ、同時に読むといっても、たとえば通勤電車の中ではコンパクトな文庫版のエッセイ、帰宅後は難読書にするなど、場所や時間帯によって本のジャンルをかえるのも手だ。

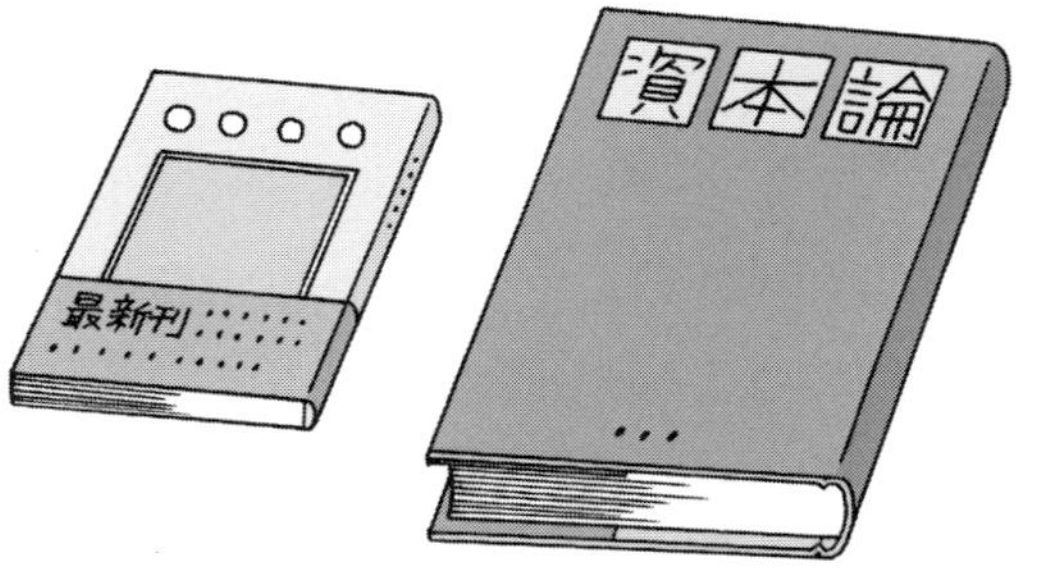

60

新聞速読術

見出しチェックで重要情報を10分でインプット

新聞を読む時間がないと嘆いていないか?

興味のある記事は赤ペンでチェック

見出しに目を通して気になる記事は、リードを読んでみる。さらに関心があれば本文を読み、残しておきたい情報なら赤ペンでチェックしておけば、あとで2度読まなくてもすむ。

1面は必ずチェック

一般紙の1面は総合記事が掲載されている。まずは1面の見出しを見て、最近の問題や話題をとらえておく。

朝日新聞

6者協議 今月にも再開

中米朝が非公式協議

金融制裁 作業部会設置も

米大統領「確実に制裁履行」

独自の制裁 日本も維持

一律70回案 公明反発

補習上限50回の軽減案も

首相「任期中に改憲」

米メディアに 9条含め意欲

松下製食洗機 発火4件

15万台 無料で部品交換

天声人語

広告

広告

広告

広告

朝日新聞2006年(平成18年)11月1日付

出版広告をチェック

1面の下段には新刊書や雑誌の広告が掲載されているので、いまどんな本が出ているのか時代のニーズがつかめる。

インデックスで注目記事をチェック

1面に見出しがある場合、全面の見出しをチェックする前に目を通しておくと、紙面の全容を効率的に把握できる。

切り抜き記事の整理法

❶ チェックした記事は切り抜いて、保存箱に入れる。

❷ 切り抜いた記事は、その都度ファイリングすると時間がかかるので、整理せずにどんどん箱に入れる。

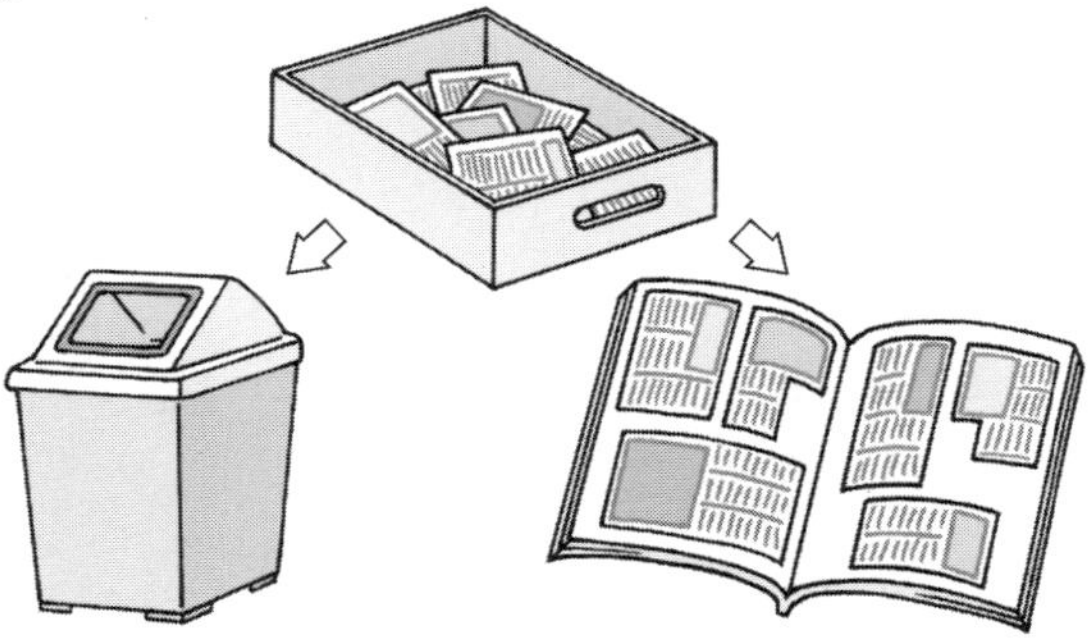

❸ たとえば週に1度整理する日を決め、必要なものはファイルに、不必要なものは捨ててしまう。まとめて整理できるので効率的。

新聞くらいは目を通したいけれど、その時間がないというビジネスマンは多いだろう。しかし、何もすべての記事に目を通す必要はない。朝刊には約6万字もの情報が詰まっているので、自分に必要な情報だけを読めばいい。

その方法とは、各記事の見出しチェックである。1面から順に見出しだけ拾い読みするのだ。見出しは、記事の要点を端的に要約したものなので、それだけでおおよそ記事の内容が想像できる。気になる見出しなら続けて冒頭のリードを読んでみて、関心がなければ飛ばせばいいし、さらに興味があれば本文を読んでいく。すべての見出しに目を通すだけなら、慣れてくれば朝の10分でできる。

61
就寝前の時間

寝る前の時間をムダにしていないか?

寝る直前の1時間は記憶に最適の時間帯

あなたは寝る前の時間をどのようにすごしているか。本を読んだり、好きな音楽を聴いたりとリラックスタイムにしている人も多いだろう。

しかし、就寝の1時間前は勉強に最適な時間帯なのである。寝る前の勉強だと朝起きたら忘れそうだが、じつはその逆で、人間の脳は眠る直前に覚えたことを長く記憶するのである。

目や耳を通して脳に入ってきた情報は、海馬《かいば》に蓄積される。だが、これは一時的な記憶となるだけで、さらに新しい情報が入ってくると上書きされる。つまり、忘れてしまうのである。そのため、これは〝短期記憶〟と呼ばれている。だが、短期記憶が大脳の側頭葉に移されると、〝長期記憶〟に変換される。これで、しっかり覚えたことになる。

短期記憶から長期記憶への変換は、睡眠中におこなわれる。寝てしまうとほかの情報は入ってこないため、短期記憶が別のものによって上書きされることなく、長期記憶として定着するのである。

記憶の区分

ワーキングメモリ	電話をかけるときに電話番号を覚えるといった、数秒だけ覚えておく一時的な記憶。すぐに消去される。
▼	
短期記憶	買い物に出かけるときに買う物を覚えるなどの、数十秒から数分程度で消える記憶。短期記憶の容量は7±2個程度とされている。
▼	
長期記憶	半永久的に覚えている記憶で、内容によって「宣言的記憶」と「非宣言的記憶」に分けられる。さらに「宣言的記憶」は、個人的体験を記憶した「エピソード記憶」と、一般知識の記憶である「意味記憶」に分けられる。「非宣言的記憶」は、自転車の乗り方などいわゆる体で覚える「手順記憶」と、恐怖や嫌悪感といった「情動記憶」に分けられる。

記憶と脳の関係

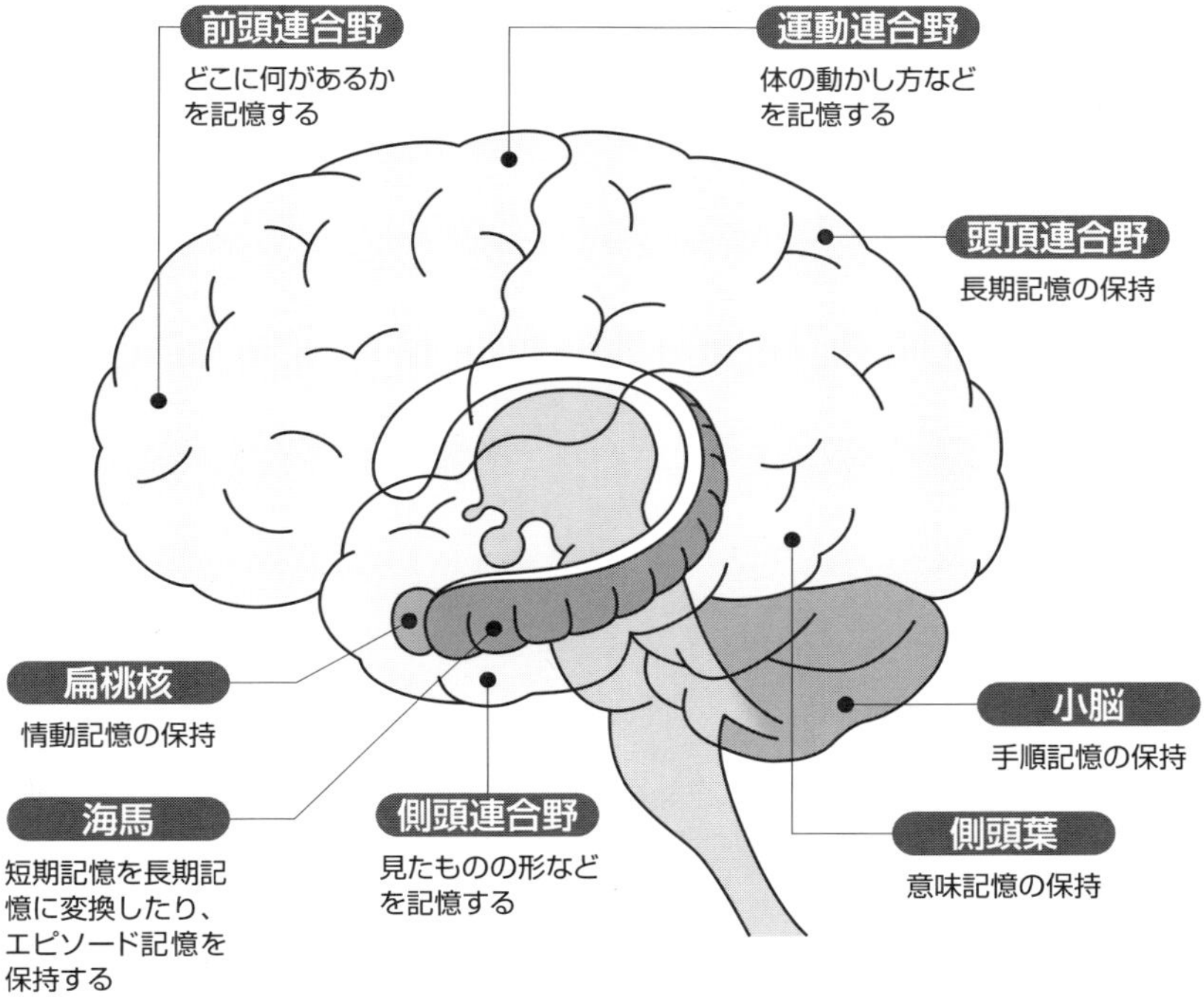

眠っている間に記憶は定着する

62

睡眠時間

眠りの質がよければ量は必要ない

寝不足を言い訳にしていないか？

ビジネスマン、OLの平均睡眠時間

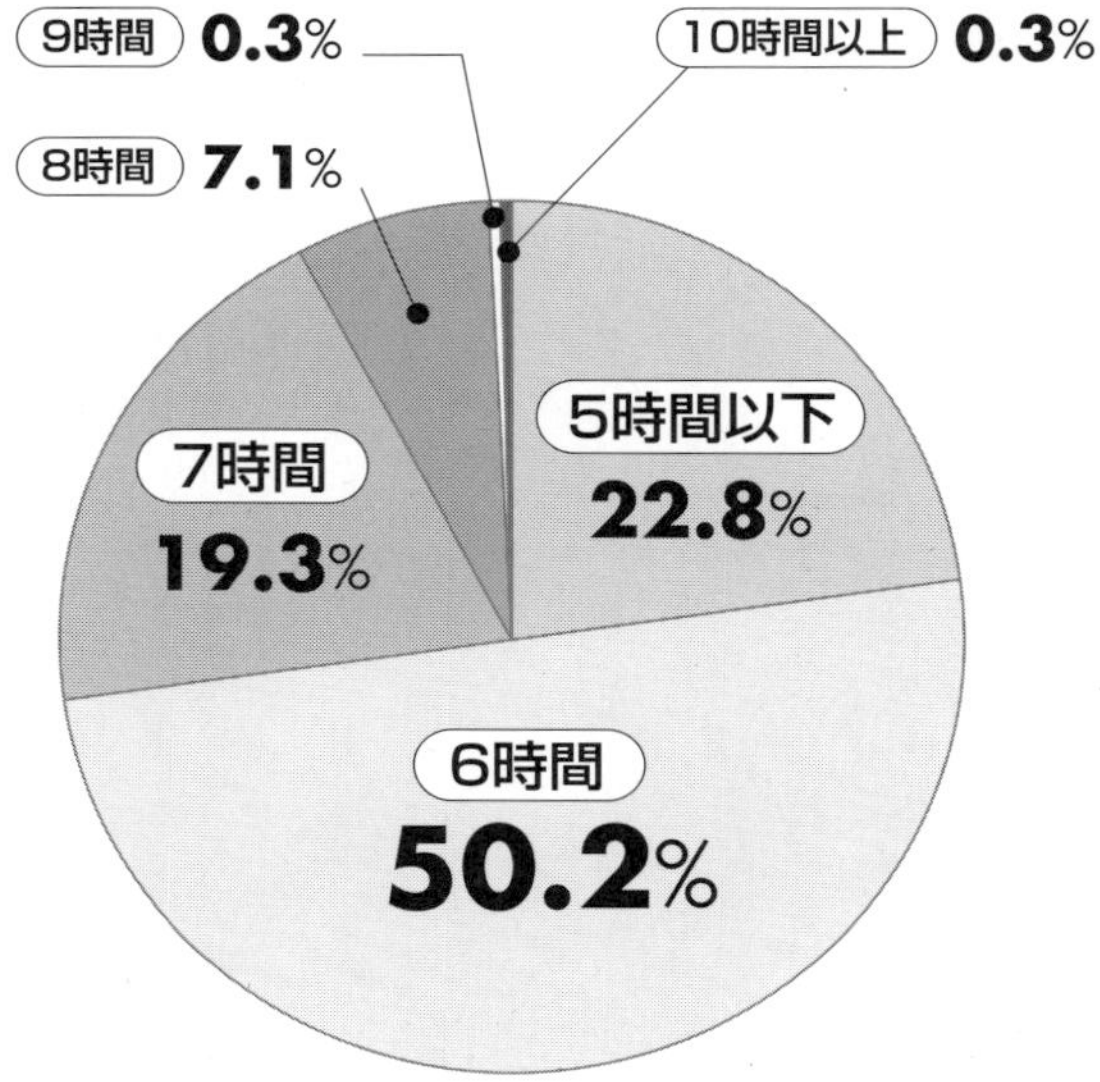

出典：『四半世紀比較でみるビジネスマン・OLの生活時間調査』（シチズン）

ビジネスマン、OLの73%が睡眠時間は6時間以下！

日本の会社員の多くは、6時間以上の睡眠をとれていない。長時間眠らないとダメという人もいれば、睡眠は短くても平気という人もいる。これは生まれついての体質なので、どちらのほうがいいとは一概には言えない。

要は睡眠時間ではなく、眠りの質である。人間の眠りは、ノンレム睡眠という深い眠りと、レム睡眠という浅い眠りを、約90分で交互に繰り返している。心身を休めるには、ノンレム睡眠とレム睡眠が何回かセットになった状態があればいいのだが、最も深い睡眠は最初かその次のセットで得られる。そして、何セット目かの浅い眠りのレム睡眠のときに目覚めると、すっきり起きることができる。

睡眠のリズムを知れば目覚めはすっきり!

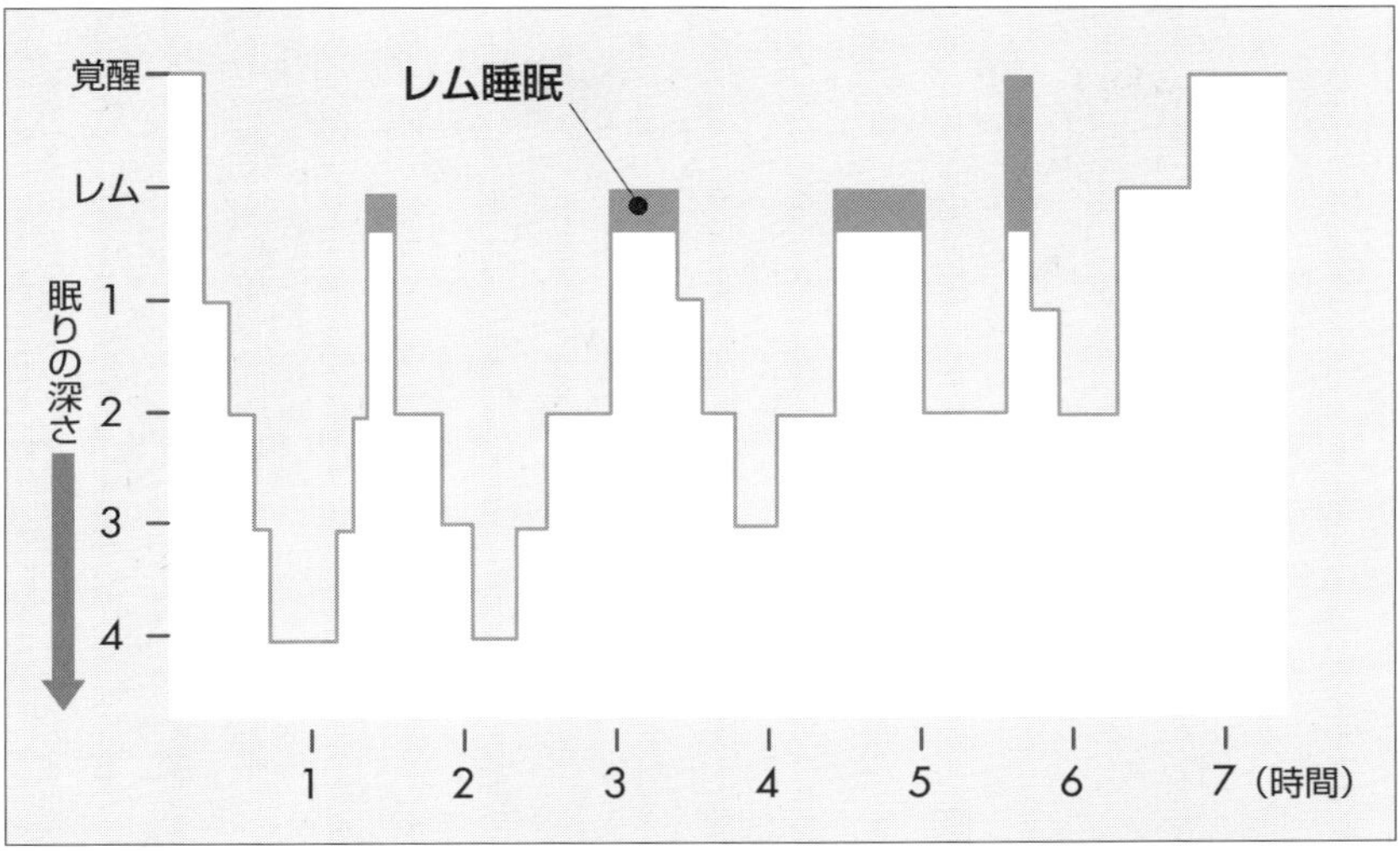

ノンレム睡眠とレム睡眠は1セットで約90分の周期である。一晩のうちにこの周期を4～5回繰り返し、目覚めが近くなるにつれ、睡眠は浅くなる。浅い眠りのレム睡眠のときに目覚めるようにすると、すっきりと起きられる。

深く眠るための入眠テクニック

1 頭の中をカラにする

脳が興奮状態だと深い睡眠がとりにくいので、寝る前には軽い読書や心地よい音楽をかけて、頭と心をリラックスさせる。

2 軽い運動をする

日中に適度に体を動かしたり、寝る前にストレッチやヨガなど軽い体操をしておくと、疲労感から寝つきがよくなる。

3 食後3時間後以降に寝る

睡眠中は内臓も休もうとするが、寝る前に食事をとると胃腸が活発に活動してしまうため、内臓に負担がかかり熟睡を妨げる。寝る3時間前には食事をすませる。

63

快眠環境

寝室環境を整えると目覚めはすっきり

寝覚めが悪いのは体質のせいだと思っていないか？

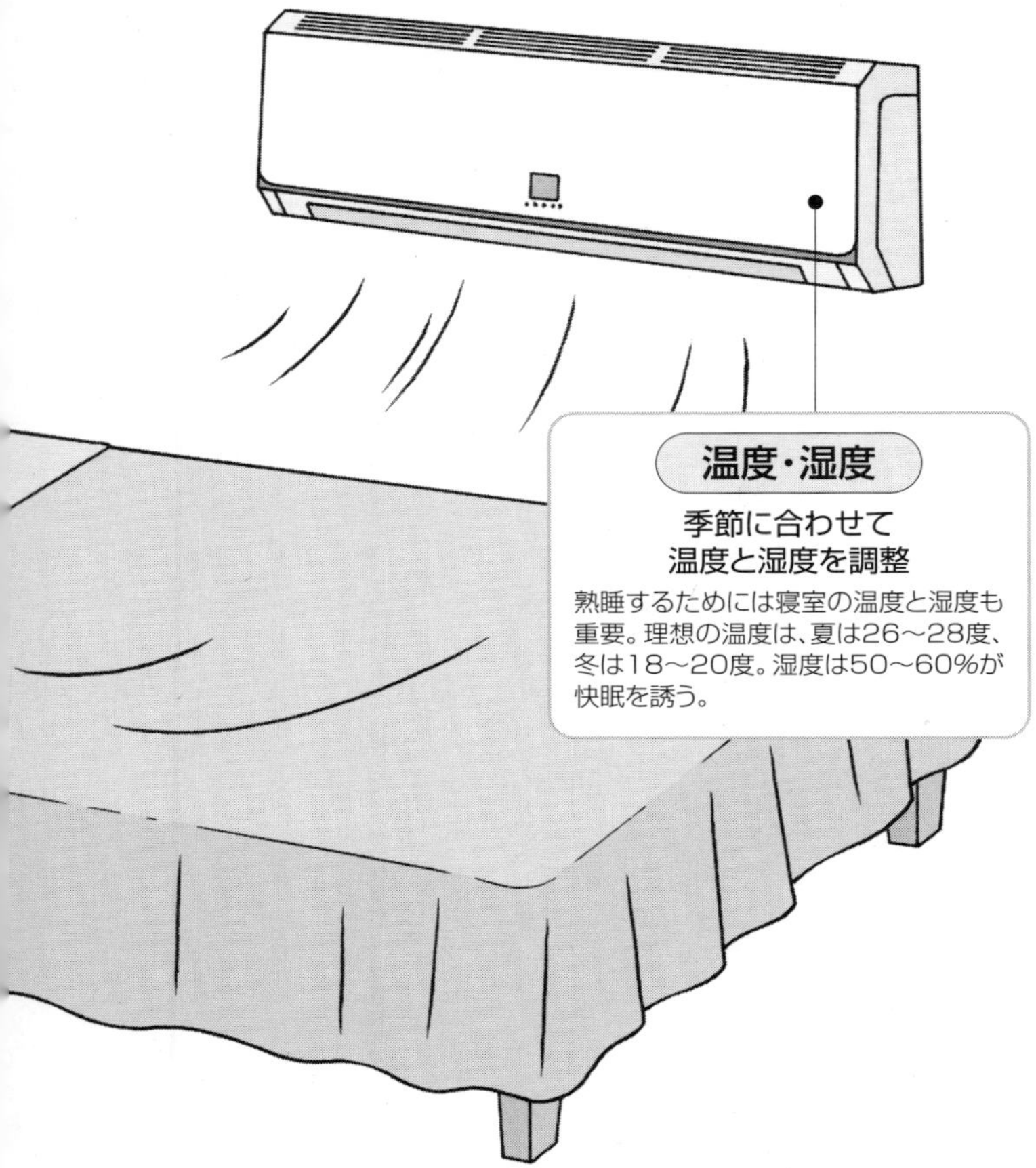
温度・湿度
季節に合わせて
温度と湿度を調整
熟睡するためには寝室の温度と湿度も重要。理想の温度は、夏は26〜28度、冬は18〜20度。湿度は50〜60%が快眠を誘う。

日夜時間に追われているビジネスパーソンにとって、心身を休める睡眠環境は気になるところだろう。

いつも寝覚めが悪かったり、日中ずっと眠気が消えないという人は、寝室の温度や湿度、明るさといった睡眠環境を見直してみるといい。さわやかな目覚めは、快適な眠りからくる。単に睡眠時間をたっぷりとっていたり、規則正しい時間に寝ているからといって、必ずしも質のよい睡眠がとれているとは限らないのだ。

ここでは、自分に合った枕やベッドを選ぶポイントや、最適な寝室の温度や湿度、明るさといった快適な睡眠をとるために必要な環境を紹介する。

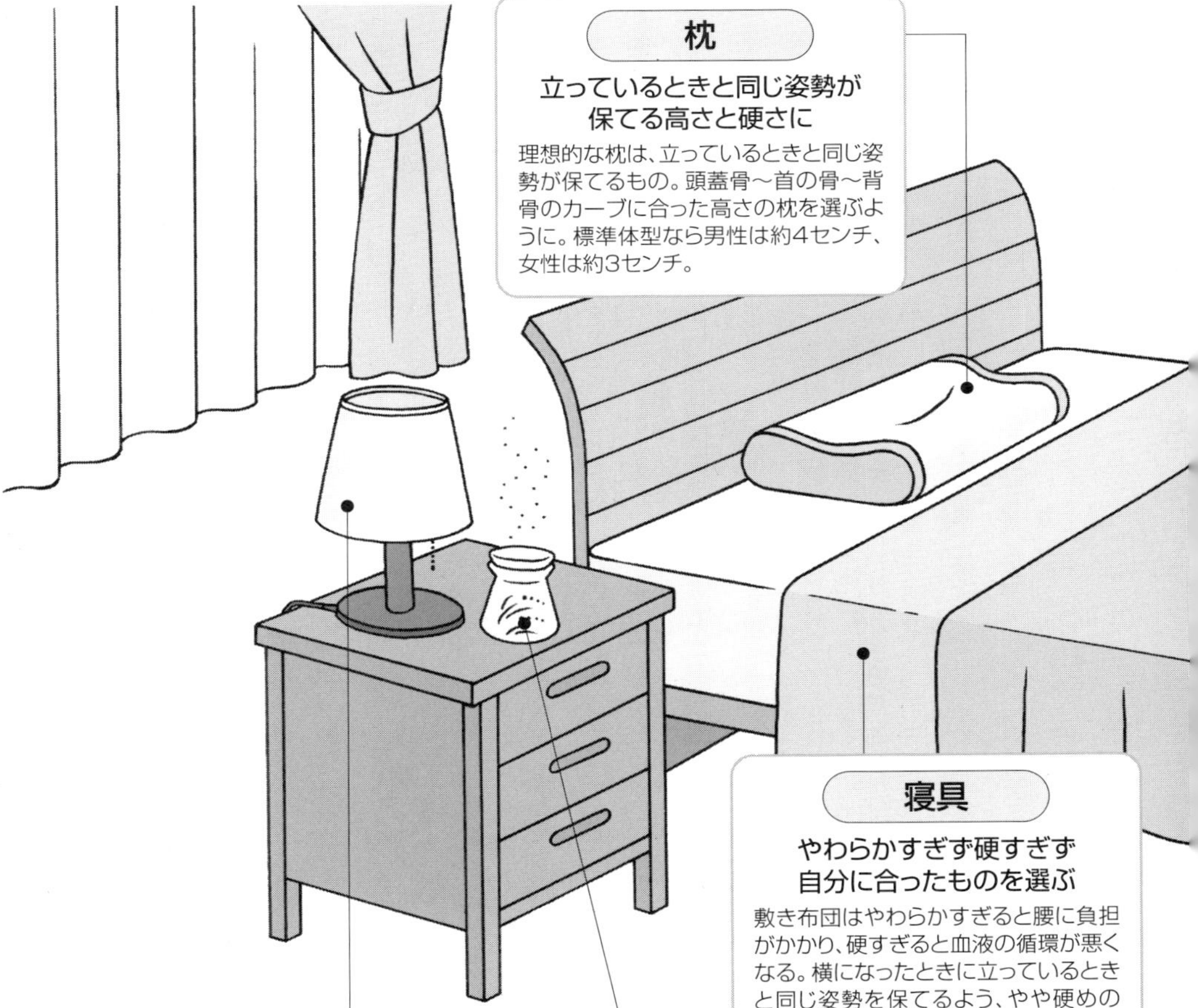

枕

立っているときと同じ姿勢が保てる高さと硬さに

理想的な枕は、立っているときと同じ姿勢が保てるもの。頭蓋骨～首の骨～背骨のカーブに合った高さの枕を選ぶように。標準体型なら男性は約4センチ、女性は約3センチ。

寝具

やわらかすぎず硬すぎず自分に合ったものを選ぶ

敷き布団はやわらかすぎると腰に負担がかかり、硬すぎると血液の循環が悪くなる。横になったときに立っているときと同じ姿勢を保てるよう、やや硬めの布団が好ましい。

明るさ

月明かりで眠り朝日で目覚める

朝日は体内時計を朝型にリセットしてくれるので、朝日が差し込むようにカーテンやブラインドを調整しておくといい。寝るときは、明るすぎると睡眠ホルモンが分泌されないので、月明かり程度の明るさが理想的。

香り

アロマテラピーで眠りと目覚めを演出

アロマポットで香りを立てたり、ホットタオルを枕元に置くなど、香りは快眠を誘うといわれる。なかでもラベンダーやカモミールなどが効果的。

64

スローライフ

「時間がない！」といつもあくせくしていないか？

いかに時間を浪費するかが あなたの人生を豊かにする

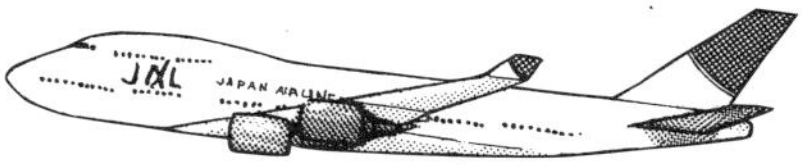

**時が経つのが早いと思うのは、
人生というものが
わかってきたからである。**

ジョージ・ギッシング

ビジネスを中心に時間活用術を紹介してきたが、じつはどれも、それほど大げさなことではない。

紹介したハウツーを実践している人もいれば、わかってはいるけれどできていない人もいるだろう。時間の使い方が下手な人でも、本書をきっかけに時間の使い方を意識するだけで、少しは仕事への取り組み方がかわってくるはずだ。

時間活用術は効率よく生きるためのものだが、何も３６５日効率を求めろと言っているわけではない。たまには仕事を忘れて、ゆっくりと日向《ひなた》ぼっこするのも、ひとつのすごし方であろう。

なぜなら、人生の豊かさは、時間をいかに浪費するかにあるのだから。

左記の文献等を参考にさせていただきました。

『プロフェッショナル時間術』野村正樹（東洋経済新報社）／『朝4時起きの仕事術』中島孝志（プレジデント社）／『朝10時までに仕事は片づける』高井伸夫、『1時間の仕事を20分で終わらせる』秋庭道博（かんき出版）／『仕事は段取り次第で決まる』本田尚也、『頭のいい人がしている仕事の整理術・改善術』堀江恵治（ぱる出版）／『なぜか、「仕事がうまくいく人」の習慣』ケリー・グリーソン、『大人のためのスキマ時間勉強法』和田秀樹、『スピード時代の最強の仕事術』PHPエディターズグループ、『「情報整理」プロの離れ業』長崎快宏、『超高能率仕事術』本田尚也（PHP研究所）／『24時間を最大限に活かす大ワザ裏ワザ』西村晃（きこ書房）／『段取りのつけ方・仕事のすすめ方』神谷一博（日本実業出版社）／『仕事の基本81の法則』TM人材開発研究所、『仕事のダンドリ完璧マニュアル』関根健夫、『時間が2倍になる超手帳の技術』日本タイムマネジメント普及協会（大和出版）／『勝つための「心理戦略」』内藤誼人（光文社）／『整理の技術　あの資料はどこに行った!!』坂戸健司、『魔法のように片づく!見つかる!超ファイルの技術』刑部恒男（すばる舎）／『「仕事が速い!」人の時間の使い方』西村克己（あさ出版）／『ここで差がつくメモ術・手帳術』大勝文仁（こう書房）／『ビジネスマン奇跡の整理術・時間活用術』ジェフリー・J・メイヤー、『時間の使い方　うまい人・へたな人』斎藤茂太（三笠書房）／『「忙しい…」を「できる!」に変える時間活用術』内田政志（同文館出版）／『超高速仕事術』西村克己（成美堂出版）／『「勝ち組」になるための仕事の基本』、『3分以内で「自分」を売り込む仕事術』古谷治子（実業之日本社）／『続「超」整理法・時間編』野口悠紀雄、『「頭がいい人」は脳のリセットがうまい』保坂隆編著（中央公論新社）／『成功する人の時間術』ユージン・グリースマン（ダイヤモンド社）／『時間をぜいたくに使う技術』鷲田小彌太（双葉社）／『伸びる会社は会議がうまい!』高橋誠、『起床術』梶村尚史、『「超」手帳活用術』阪東恭一（河出書房新社）／『今日からはじめる超快眠術』志田美保子（旬報社）／『整理力をつける』黒川康正（日本経済新聞社）／『脳を活かす!必勝の時間攻略法』吉田たかよし（講談社）／『朝90分。で稼ぐ人の仕事と生活成功ノート』高島徹治（幻冬舎）／『THE 21』（PHP研究所）／『BIG tomorrow』（青春出版社）／『読売新聞』

弘兼憲史（ひろかね　けんし）

1947年山口県生まれ。早稲田大学法学部卒。松下電器産業販売助成部に勤務。退社後、1976年漫画家デビュー。以後、人間や社会を鋭く描く作品で、多くのファンを魅了し続けている。小学館漫画賞、講談社漫画賞の両賞を受賞。家庭では二児の父、奥様は同業の柴門ふみさん。代表作に、『課長 島耕作』『部長 島耕作』『加治隆介の議』『ラストニュース』『黄昏流星群』ほか多数。『知識ゼロからのワイン入門』『知識ゼロからのカクテル＆バー入門』『知識ゼロからの簿記・経理入門』『知識ゼロからの企画書の書き方』『知識ゼロからの敬語マスター帳』『知識ゼロからのM＆A入門』『知識ゼロからのシャンパン入門』（以上、幻冬舎）などの著書もある。

装幀　カメガイ デザイン オフィス
装画　弘兼憲史
本文漫画　『課長 島耕作』『部長 島耕作』『取締役 島耕作』『常務 島耕作』『ヤング 島耕作』（講談社刊）より
本文イラスト　中条寿子
本文デザイン　安田真奈己　吉川信子
編集協力　ロム・インターナショナル
編集　福島広司　鈴木恵美（幻冬舎）

知識ゼロからの時間活用術

2007年4月25日　第1刷発行
2014年3月5日　第5刷発行

著　者　弘兼憲史
発行人　見城　徹
編集人　福島広司

発行所　株式会社 幻冬舎
〒151-0051　東京都渋谷区千駄ヶ谷4-9-7
電話　03-5411-6211（編集）　03-5411-6222（営業）
振替　00120-8-767643
印刷・製本所　株式会社 光邦

検印廃止

ISBN978-4-344-90105-6 C2095
Printed in Japan
幻冬舎ホームページアドレス　http://www.gentosha.co.jp/
この本に関するご意見・ご感想をメールでお寄せいただく場合は、comment@gentosha.co.jpまで。